La Tragédie grecque

La Scène et le tribunal

Frédéric Picco

La Tragédie grecque

La Scène et le tribunal

ÉDITIONS MICHALON

Collection
Le bien commun

dirigée par
Antoine Garapon
et
Laurence Engel

18, rue du Dragon 75006 Paris
ISBN : 2-84186-088-4
ISSN : 1269-8563

Introduction

Songer à la Grèce antique comme à la patrie de la Raison, croire en somme au « miracle grec », n'est plus possible à la fin de ce siècle qui a repensé les études grecques. L'illusion d'une Grèce berceau de la rationalité s'est évanouie devant une réalité bien différente qui ne cantonne pas pour autant cette civilisation dans un passé avec lequel les ponts seraient définitivement coupés.

Les Grecs ont inventé et approfondi une expérience qui ne cessera jamais de hanter la pensée, c'est-à-dire la vie profonde des communautés et des individus aussi bien : ces gens-là se pensaient comme des égaux soumis à une rivalité permanente. Dans ce monde-là, l'exercice d'un droit, d'une fonction suppose une confrontation inévitable. Ce point détermine des postures sportives, politiques, philosophiques et artistiques. Les Jeux réunissaient ainsi tous les quatre ans sur le site d'Olympie (d'où leur nom) l'ensemble des peuples grecs qui concluaient souvent des trêves pour continuer à s'affronter par l'intermédiaire de jeunes athlètes qui s'alignaient tous sur la même ligne de départ pour ensuite se détacher des autres et remporter la victoire.

Dans le domaine politique, les exemples ne manquent pas. Dans *l'Iliade* [1], Achille a certes pour ennemi le prince troyen Hector; mais dans son propre camp la lutte est à peine moins féroce avec Agamemnon, le chef des Grecs. Achille se considère au début de l'épopée comme l'égal du roi suprême, et il faut tout un jeu de compensations (Achille fait de nouveau allégeance et Agamemnon reconnaît qu'il a été victime d'une terrible méprise dont il est autant la victime qu'Achille) pour mettre fin à la querelle entre les Grecs. L'autorité n'en sort pas indemne, car le prestige et la figure d'Achille, le héros du poème, apparaissent indiscutablement renforcés et enrichis. Ailleurs, l'histoire de Sparte nous apprend qu'il y a toujours eu deux familles royales qui, à ce qu'il semble, n'ont jamais contracté la moindre alliance matrimoniales entre elles. Au sommet du pouvoir politique, au lieu d'entrer dans la logique « bourgeoise » de la concentration des pouvoirs grâce au mariage, on s'observe, on se tient aux aguets. La rivalité est le fondement de la culture lacédémonienne, et les autorités la suscitent à outrance, au point de choisir, comme nous le dit Plutarque, celui qui est « le plus raisonnable et le plus batailleur » [2] parmi les jeunes gens pour diriger ses camarades.

En philosophie, si Platon et Aristote discutent infatigablement les thèses des sophistes, c'est parce

1. Première épopée grecque que nous ayons conservée : elle raconte les combats des Grecs pour prendre la ville de Troie ainsi que la « brouille » entre le chef de l'expédition, Agamemnon, et le meilleur de ses vassaux, Achille.

2. *Vie de Lycurgue*, XVII, 2. C'est nous qui traduisons. Sauf mention explicite du contraire, nos traductions seront toujours tirées de la Collection des Universités de France (notées souvent C.U.F.).

qu'ils ont conscience du danger : les sophistes ont eu avant les philosophes la très sérieuse ambition de comprendre le réel et d'en persuader les autres. C'est ainsi qu'il faut lire la plupart des dialogues de Platon comme une attaque des postulats de ses adversaires tout autant que comme l'énoncé d'une pensée personnelle.

Et, bien sûr, l'art grec ne fait pas exception. Un comique comme Aristophane ne manque jamais l'occasion de rappeler aux spectateurs qu'il est meilleur poète que ses « collègues » dans le métier de faire rire les Athéniens. Être maître d'un art en Grèce, c'est se sentir capable de défier et de vaincre ceux qui déjà y excellent. C'est notamment le cas dans la tragédie.

Au cours du Ve siècle avant notre ère, la cité d'Athènes organisa plusieurs fois par an des concours [1] dans lesquels trois poètes tragiques s'affrontaient pour obtenir un prix que lui décernait un jury composé de dix citoyens. Rien n'était plus officiel que cette compétition, puisque les plus riches Athéniens étaient tenus de par la loi d'acquitter les frais entraînés par la représentation, puisque aussi la cité versait une indemnité aux plus pauvres pour qu'ils puissent payer le prix de leur place. Il faut ajouter que le théâtre lui-même n'était pas un édifice privé : ce furent les pouvoirs publics qui édifièrent celui de Dionysos, qui pouvait contenir 13 000 personnes environ, sur le versant sud de l'Acropole.

1. Le premier de ces concours aurait eu lieu en 501. Le moment de l'année lors duquel le plus important de ces concours avait lieu se plaçait au mois de mars, lors de la fête des Grandes Dionysies.

La tragédie est donc une institution typiquement athénienne dont l'existence est assumée et reconnue par le corps politique. Elle est aussi l'une des curiosités qui firent la gloire de cette cité. Dans un de ses textes, Plutarque rappelle avec quelle munificence les Athéniens donnaient les représentations tragiques :

« Si l'on calcule le prix qu'a coûté chaque pièce de théâtre, on verra que le peuple a dépensé plus d'argent pour les *Bacchantes*, les *Phéniciennes*, les *Œdipes*, *Antigone*, les malheurs de Médée et d'Électre [1], qu'il n'en a dépensé pour son hégémonie ou sa liberté dans ses combats contre les barbares. Souvent en effet les généraux faisaient emporter à leurs hommes des aliments crus quand ils les emmenaient au combat et, ma foi, les triérarques [2] ne fournissaient guère à leurs rameurs que de la farine d'orge avec des oignons et du fromage comme accompagnement quand ils les embarquaient sur les trières, tandis que les chorèges, eux, servaient à leurs choristes des anguilles, de tendres laitues, des côtelettes et de la moëlle et les régalaient pendant une longue période où ils travaillaient leur voix et se laissaient vivre douillettement [3]. »

On l'aura compris : Plutarque méprise – ou feint de mépriser – la tragédie qui est l'occasion

1. Plutarque cite là les pièces les plus célèbres du théâtre tragique.

2. Riches citoyens qui devaient armer les navires que la cité leur fournissait – on appelle ces navires des trières – et qui devaient assurer à leurs frais l'intendance durant l'ensemble de la campagne.

3. *Gloire des Athéniens*, 349 a.

d'une vie de mollesse, contrairement à la vie sous les armes qui, selon lui, a donné aux Athéniens leurs plus beaux titres de gloire.

Mais peut-on résumer le genre tragique en forçant le trait comme le fait Plutarque ? Quel intérêt y aurait-il eu pour les Athéniens à engloutir des sommes folles à une époque où, comme le texte le rappelle très brièvement, leur cité est un des deux leaders du monde grec (l'autre étant Sparte) et, à ce titre, dépense beaucoup d'argent pour assurer sa suprématie et, à partir de 431, pour l'emporter dans la guerre acharnée qu'elle mène justement contre Sparte ? Les Athéniens ne sont pas de mauvais gestionnaires, et toute la fin du premier livre de l'*Histoire de la guerre du Péloponnèse* écrite par Thucydide insiste sur le fait qu'Athènes sait se procurer et user habilement de l'argent quand il s'agit de son leadership. Cela nous conduit à penser que les dépenses consenties pour les concours tragiques – qui ne cessèrent pas pendant la guerre – permettaient la satisfaction d'un besoin fondamental aux yeux des Athéniens.

Pour essayer de comprendre la nature de ce besoin, nous faisons une fois encore confiance à un récit encore donné par Plutarque. Il s'agit d'une anecdote :

> « Thespis* commençait alors [1] à animer la tragédie, et la nouveauté du spectacle attirait la foule, bien qu'on ne fût pas encore allé jusqu'à en faire une compétition et un concours. Solon, qui aimait

* Tous les noms propres ou les noms communs relatifs à la tragédie grecque qui sont précédés d'un astérisque sont réunis dans un petit lexique en fin d'ouvrage.

1. C'est-à-dire aux alentours de 565 avant J.-C.

naturellement écouter et s'instruire et qui, dans sa vieillesse, se livrait davantage encore au loisir, à l'amusement, et, ma foi, aussi à la boisson et à la musique, alla voir Thespis, qui jouait lui-même ses pièces, selon la coutume des anciens poètes. Après la représentation, il l'interpella et lui demanda s'il n'avait pas honte de proférer de si gros mensonges devant tant de gens. Thespis répondit qu'il n'y avait pas grand mal à parler et à agir comme il le faisait en manière de jeu. Alors Solon, frappant violemment la terre de son bâton : « Mais si nous approuvons, dit-il, et si nous applaudissons un pareil jeu, nous le retrouverons bientôt dans les contrats [1]. »

Solon n'est pas un inconnu ; trente ans avant cette anecdote, il s'est efforcé de réconcilier les Athéniens au bord de la guerre civile. Il a résolu le problème très grave de l'endettement qui entraînait la contrainte par corps du débiteur et de toute sa famille ; en outre, il a élargi l'espace civique et politique, en permettant aux plus humbles de disposer d'un organe de représentation et d'expression, le Conseil (en grec *Boulè*). Toute son action politique a consisté à réaliser l'entente du peuple et des membres des familles aristocratiques qui possédaient la terre. Solon est donc le législateur par excellence, celui qui veut réduire les occasions de conflit entre concitoyens. Sa réaction si véhémente – c'est le détail du bâton frappant le sol – en est d'autant plus remarquable : selon lui la tragédie relève au mieux des occupations plaisantes pour un Grec (exactement comme la boisson et la

1. *Vie de Solon,* XXIX, 6-7.

musique) et au pis elle peut fournir de nouveaux motifs de discorde à des citoyens qui naguère encore s'entre-déchiraient. L'imitation des personnages est nocive, car elle peut avoir une influence néfaste sur les pratiques juridiques – les contrats auxquels Solon fait allusion – et, de proche en proche, sur toute la vie de la cité.

Avec la tragédie, l'antagonisme n'est pas loin. Nous avons déjà vu que les poètes étaient des rivaux qui cherchaient à obtenir le premier prix. Il faut ajouter que rien n'est plus fréquent sur la scène tragique que la représentation de conflits de toute sorte. Chaque personnage, chaque groupe affirme que le droit est de son côté, et cette revendication omniprésente n'atteint jamais davantage son expression la plus nette et son paroxysme que dans les moments de confrontation directe avec l'autre camp. Dans ces moments-là, comme l'écrit J.-P. Vernant,

> « Les poètes tragiques utilisent [le] vocabulaire du droit en jouant délibérément de ses incertitudes, de ses flottements, de son inachèvement : imprécision des termes, glissement de sens, incohérences et oppositions qui révèlent des discordances au sein de la pensée juridique elle-même, qui traduisent également ses conflits avec une tradition religieuse, une réflexion morale dont le droit est déjà distinct mais dont les domaines ne sont pas clairement délimités par rapport au sien [1]. »

Les Athéniens furent fascinés par les conflits que leur montrèrent les trois plus grands poètes

1. *Mythe et Tragédie I*, 1989 7e édition, p. 15.

tragiques, Eschyle*, Sophocle* et Euripide*, et jamais ils ne se détournèrent de cet art et de cette institution que fut le théâtre athénien.

Cet ouvrage va montrer quelques situations typiques dans lesquelles le droit tient le devant de la scène tragique et proposer quelques réflexions à partir de l'hypothèse de J.-P. Vernant qui a le grand mérite de mettre l'accent sur le fait que le droit n'est pas dans la tragédie l'objet d'un consensus mais un objet litigieux et, comble du paradoxe, une arme. Vu l'ampleur de la question, ce texte ne prétend pas être exhaustif et son propos est simplement de donner une lecture de quelques points abordés dans les tragédies de manière à faire prendre conscience au plus grand nombre possible de l'étendue de la question juridique et des multiples réponses qu'appellent certaines situations pourtant toujours identiques. Cette identité est rendue possible par le mythe, ce récit dont on connaît la fin par avance. Du coup, le spectateur fixe son attention non pas sur le dénouement de la tragédie – c'est toujours le même – mais sur la façon dont on y parvient – et ce n'est jamais la même chose pour un mythe donné chez les trois poètes tragiques. Si chacun a sa conception du droit pour une même situation initiale, c'est justement parce que le mythe n'est plus une histoire qui se suffit à elle-même. Au contraire, il a besoin d'être élucidé, et chaque tragédie relative au même mythe est l'élaboration d'une réponse apportée à des événements traditionnels dont on ne peut plus trouver a priori la cohérence. Le travail conceptuel opéré par les poètes tragiques n'est donc possible qu'à partir d'une opacité des faits qu'il est alors nécessaire de qualifier, de juger. En un mot, il faut trouver les responsables et déterminer pour chaque situation le rôle joué par telle passion ou par telle idée.

C'est dans cet exercice du jugement que les poètes tragiques se retrouvent et se distinguent les uns des autres. Il est possible dès lors de déterminer la conception du droit propre à chacun si l'on examine sur quoi, dans une même situation donnée, chacun met l'accent.

Mais au-delà des ressemblances ou des différences – qui sont d'autant plus fortes qu'elles explosent dans l'espace restreint du mythe – sur tel point particulier, la tragédie par son existence même suppose que « tout ne va pas bien », comme le dit Hamlet au début de la pièce [1]. Comme dans le royaume du Danemark et le palais d'Elseneur, la cité et le palais des rois grecs de la tragédie connaissent de sérieux problèmes. Quelque chose va gripper le bon fonctionnement des institutions et des cadres réglant la vie des hommes. Une cassure crée l'histoire que représente la tragédie. Ce n'est guère nouveau : déjà dans la *Genèse* [2], le péché d'Adam et Eve est l'événement fondateur de la condition et de la temporalité que suppose la vie actuelle des hommes.

Le « quelque chose » de typiquement grec réside dans la tension caractéristique entre l'égalité des points de vue et la rivalité ici exacerbée par le fait même d'une égalité en quête d'une perpétuelle auto-affirmation. Dans le conflit tragique, chaque protagoniste possède ou croit posséder un droit absolu qu'il doit faire prévaloir. D'un côté, il y a le droit qui garantit à chaque partie de s'exprimer

1. *Hamlet*, I, 2 v. 255 : *All is not well.*
2. *Genèse*, 3, 23-24.

« sur un pied d'égalité » avec l'adversaire [1] ; de l'autre, il y a la violence qui est la cause et la conséquence de la confrontation. Le conflit tragique résulte alors d'une liberté qui, pour s'éprouver, ne saurait faire l'économie de la violence, bien au contraire.

La première manifestation de cette confrontation est la présence dans la tragédie de discours parfaitement antithétiques exprimant un différend irréductible. La scène est alors un tribunal où l'on entend les plaintes et les échanges violents entre les parties. Dans un second temps, vient la volonté de recréer un ordre, un agencement à même de satisfaire les exigences contradictoires. À l'enregistrement de la parole malheureuse et agressive succède un effort de composition par lequel on tente de remettre en place les institutions et les cadres que le conflit menace d'anéantissement. Pour y parvenir, la figure du tiers apparaît ; elle rappelle aux parties en opposition que le salut commun est menacé par la discorde : aller trop loin dans la violence empêcherait tout compromis par la suite. Le tiers pense à l'avenir qu'il envisage sous l'angle « des rapports que [les litigants] pourront avoir ultérieurement », comme l'écrit J.-G. Bidima à propos de la « pédagogie sociale » que la palabre constitue dans les sociétés africaines [2].

---

1. Cette requête d'une parole ayant un poids égal à celle de l'adversaire est obsédante : elle revient au début de nombreux plaidoyers comme un lieu commun de la rhétorique judiciaire, ou encore elle donne l'exorde de tirades prononcées par les personnages de la tragédie.

2. J.-G. Bidima, *la Palabre, Une juridiction de la parole*, Paris, Michalon, 1997, p. 31.

À défaut de cette médiation, la violence entraîne des effets catastrophiques. Les poètes tragiques se sont plu à montrer l'aporie de la confrontation sans trêve dans le mythe des frères ennemis irréductibles. L'issue est toujours la mort des deux adversaires, quand ce n'est pas la cité qui est attirée dans le différend. D'un autre côté, la tragédie célèbre les vertus de la médiation et les dangers encourus par ceux qui oublient la nécessité d'un arbitrage dans la proximité et la continuité. Ce dernier aspect est essentiel dans une œuvre comme l'*Antigone* de Sophocle dans laquelle Créon tourne le dos aux sages principes de gouvernement qui étaient les siens avant le duel de ses neveux fratricides.

La tragédie grecque montre donc le mal au travail dans les œuvres vives de la cité : les conflits, les divisions, l'anéantissement sont là qui menacent de tout emporter. Mais c'est encore la tragédie qui apporte le remède que constitue l'arbitrage d'un tiers soucieux de réconciliation. À côté d'Étéocle et Polynice, et avec un succès variable, il y a dans Eschyle les personnages d'Hypermestre à la fin de la trilogie consacrée aux Danaïdes, d'Athéna dans les *Euménides* ; songeons aussi à Hémon ou Tirésias dans *Antigone* ou encore à Jocaste dans les *Phéniciennes* d'Euripide [1].

1. Nous pourrions multiplier les exemples et étudier les figures de la médiation chez Euripide. Notre choix a été fixé par la commodité évidente dont on bénéficie en étudiant un bloc mythique compact comme celui des frères ennemis, les fils d'Œdipe.

L'héritage ou la rivalité entre hommes égaux

Le monde grec est un espace dans lequel la liberté conçue comme égalité à l'intérieur d'un groupe donné se déploie en même temps que le conflit, source d'épreuve et manifestation de l'excellence. Deleuze, quand il veut penser la naissance de la philosophie en Grèce, met en relief l'importance en tant que schèmes transcendantaux « la rivalité des hommes libres, [et] un athlétisme généralisé » [1].

Dans ces conditions, la question de l'héritage prend un relief particulier. Comme partout et toujours, l'héritage est le moment où, littéralement, tous les comptes se règlent. C'est le temps de la crise et des litiges par excellence. Pour sa part, la culture grecque explore au moins cette question dans trois directions, avec les figures du fils unique et deux héritiers en bonne ou en mauvaise intelligence.

Tout d'abord, il y a le cas du fils unique héritier. Cas paradoxal en apparence. On serait tenté de croire qu'il est le plus pacifique des trois : à qui

1. Deleuze, *Qu'est-ce que la philosophie ?*, Paris, 1991, pp. 9-10.

s'opposer dans ce cas ? L'exemple de Télémaque dans *l'Odyssée* montre que les choses sont plus compliquées. Il raconte à un mendiant (c'est Ulysse métamorphosé par Athéna) que, dans la famille des rois d'Ithaque, il n'y a qu'un descendant mâle à chaque génération : « Le fils de Cronos [1] n'a voulu donner à notre race que des fils uniques : Arcisios n'engendra qu'un seul fils, Laërte ; Laërte ne fut père que du seul Ulysse ; Ulysse, après m'avoir engendré, ne laissa que moi au palais [2]. » Depuis trois générations, le roi d'Ithaque est donc toujours un fils unique. Cette répétition d'un même motif ne saurait être interprétée en termes réalistes ; il faut se souvenir au contraire que, dans un mythe, la réduplication est en soi signifiante. Homère la dote d'une double intention idéologique. D'abord la présence d'un seul fils évite que la maison royale connaisse des dissensions semblables à celles racontées par Nestor au Chant III de *l'Odyssée*. Le vieillard y raconte que les Grecs, sitôt Troie prise, se divisent en prenant parti les uns pour Ménélas, qui voulait sans attendre rentrer en Grèce, les autres pour Agamemnon qui souhaite offrir un sacrifice à Athéna avant d'embarquer [3]. La discorde des frères manque de susciter une sorte de guerre civile. Or l'une des fins de *l'Odyssée* est de montrer qu'à Ithaque la famille régnante est une et indivisible et qu'elle respecte les lois et les usages. Dans ces conditions, il est fort utile que le chef n'ait pas de rival dans sa maison. Mais comme il est décidément impossible pour

1. C'est-à-dire Zeus.
2. *Odyssée*, XVI, vv. 117-120.
3. *Odyssée* III, vv. 130-194.

les Grecs de concevoir un monde dépourvu de conflits, le fils unique ne saurait lui non plus échapper aux querelles attachées à la succession. Au lieu d'un frère, le rôle du rival est tenu par les cent huit prétendants de Pénélope. Ils veulent profiter de la vacance du pouvoir pour s'emparer de la reine et du trône d'Ithaque. Ce point éclaire le deuxième plan contenu dans les paroles de Télémaque : le pouvoir à Ithaque ne peut être contesté que de l'extérieur par des hommes qui ne sont pas de race royale. Mais malgré leur avantage numérique et l'isolement du pauvre Télémaque, ils ne deviendront pas les chefs de l'île : que sont en effet le nombre et la force dans cette épopée qui consacre la ruse et la naissance ?

Dans le second cas de figure, deux héritiers sont en présence. Dans ces conditions la loi athénienne est formelle ; comme l'écrit Isée [1] « aux termes de la loi, tous les enfants légitimes ont part égale au patrimoine ». L'alternative est nette. Soit il y a un partage dans les règles, soit il y a conflit. Prenons un exemple du premier cas. Quand Mantithéos veut prouver qu'il a toujours été honnête, il dit « avec mon frère, j'ai partagé les biens paternels de telle sorte qu'il reconnaît en avoir plus que moi » [2]. À écouter Mantithéos, on a le sentiment que, pour lui, être juste en matière d'héritage revient à concéder une partie de son propre bien et à ne pas

1. Isée était un orateur spécialisé dans les affaires d'héritage litigieux. Il rédigeait alors des plaidoyers pour ses clients – à Athènes, on plaide pour soi ou l'on fait plaider un proche ; le métier d'avocat n'existe pas. Le texte cité ici se trouve dans *la Succession de Philoktèmon*, chapitre 25 ; il date probablement de 364 avant J.-C.

2. C'est un texte de Lysias, orateur de la fin du Ve siècle – le *Pour Mantithéos*, chapitre 10.

simplement respecter l'équité. En clair, il faut être injuste à l'égard de soi-même pour ne pas être soupçonné de l'être envers autrui ! Même dans un texte louant les conduites en accord avec les normes sociales, on devine la hantise que la dispute éclate.

Il n'y a là rien qui soit étonnant pour un Hésiode qui voit dans la lutte entre les frères un des signes inquiétants de la dégénérescence frappant les hommes à l'âge de fer [1] ; dans ce temps qui est celui de la dégradation des normes, « pour toute justice il y aura les poings et il n'y aura plus de respect » [2]. C'est précisément l'ambiance qui règne dans la tragédie quand il est question d'héritage. Nous songeons évidemment à l'histoire d'Étéocle et de Polynice se partageant les biens paternels l'épée au poing.

Les Sept contre Thèbes

Cette pièce est la plus ancienne [3] des tragédies conservées relatives à l'histoire des fils d'Œdipe. Eschyle l'a placée au terme d'une trilogie* consacrée à la maison royale de Thèbes : la première pièce s'attachait à l'histoire de Laïos, la deuxième à celle d'Œdipe. C'est donc une « fin de partie » et il faut bien parler à son propos d'une « liquidation » dans tous les sens de ce mot.

La tragédie d'Eschyle est bâtie sur une double conception du droit. D'un côté, Étéocle remplit la fonction de roi, qui est défenseur d'une cité assiégée par des ennemis sauvages. Il remplit cette

1. *Les travaux et les Jours*, v. 184.
2. *Idem*, vv. 192-193. C'est nous qui traduisons.
3. On s'accorde pour la situer en 467 avant J.-C.

fonction avec détermination et intelligence, en empêchant les femmes de Thèbes d'inspirer de la terreur à toute la population – ce sont les vers 203 à 286 – et en opposant à chacun des six chefs de l'armée ennemie six valeureux guerriers thébains. Mais d'un autre côté, Étéocle est aussi le fils d'Œdipe, comme son frère Polynice. De ce point de vue, l'héritage auquel cette filiation conduit entraîne le roi à sa perte. Il lui est en effet impossible de se soustraire à sa parenté maudite avec Œdipe.

Étéocle, le garant du salut public

Eschyle ne s'est pas intéressé seulement au monstrueux héritage qui est réglé devant Thèbes. Il invente aussi une réflexion sur la justice dont la sphère propre se dessine tant qu'il n'est pas directement question de la querelle entre les deux frères. Pour Eschyle, il y a alors un homme de l'injustice : c'est Polynice, et toute la première partie de la tragédie conduit à la présentation sous un jour très négatif de ses intentions. L'homme de théâtre ne rate pas l'occasion d'écrire un morceau de bravoure à l'intérieur de l'une des scènes les plus célèbres de la tragédie grecque. Nous songeons à la scène dans laquelle le messager décrit les boucliers des sept condottieri qui s'apprêtent à fondre sur Thèbes. Elle occupe le segment central de la pièce, soit les vers 369 à 682. La description du bouclier de Polynice vient en dernier lieu :

> « Je passerai maintenant au septième chef que voici devant la septième porte – à ton propre frère – et au sort que ses imprécations, ses prières demandent pour cette ville. Il veut, après avoir

escaladé nos murs, s'être proclamé vainqueur et avoir entonné le péan de la conquête, se mesurer avec toi, et, alors, ou te tuer et tomber mort près de toi, ou, s'il laisse vivre qui l'a privé de ses droits, du moins, par un exil qui te jette à ton tour hors de Thèbes, tirer de toi vengeance égale. Voilà ce qu'il clame, en suppliant des divinités ancestrales de la terre paternelle de veiller à l'achèvement de ses vœux, le puissant Polynice ! Et il porte un écu rond, tout récemment forgé, où est fixé un double emblème : un guerrier en or ciselé s'y voit conduit par une femme, guide aux pensées mesurées. Et celle-ci se prétend la Justice, comme veulent l'indiquer les lettres placées près d'elle : "Et je ramènerai cet homme, pour qu'il recouvre sa ville et l'accès de sa demeure paternelle" [1]. »

Il y a quelque chose de contradictoire dans le fait de se présenter littéralement mû par la justice dans le recours à la violence la plus radicale. Polynice est associé à des hommes dont l'objectif avéré, comme le rappelle souvent Eschyle, est de raser Thèbes. Le bouclier de Capanée porte un homme nu brandissant une torche ; une légende s'y trouve ajoutée qui dit « J'incendierai la ville » [2]. Le guerrier Étéoclos aspire lui aussi à la destruction de la cité. Reportons-nous à la description de son bouclier : « Son bouclier porte un emblème qui n'est pas d'allure modeste. Un soldat y gravit les degrés d'une échelle appliquée au mur ennemi qu'il prétend renverser [3]. » Parthénopée est encore plus explicite, si cela est possible. Il déclare qu'« il rava-

1. Vers 631-648.
2. Vers 434.
3. Vers 465-467.

gera la cité cadméenne [1], en dépit de Zeus », comme le rapporte le messager [2].

Pour restaurer le droit bafoué, Polynice s'est donc entouré de bien étranges compagnons. Leur violence, leur jactance et les défis qu'ils lancent aux dieux-mêmes – les paroles de Parthénopée sont un exemple de cette arrogance dangereuse pour qui en fait preuve et que les Grecs nomment *hybris* – ne les qualifient pas pour être les défenseurs les plus naturels du droit. D'ailleurs, l'un des sept chefs, Amphiaraos, un pieux devin, le remarque et en fait reproche à Polynice après l'avoir appelé à deux reprises par son nom. Le messager rapporte ses paroles :

> « Ah ! le bel ouvrage, aimé des dieux, glorieux à entendre et répéter pour tes neveux : détruire le pays de ses pères, les dieux de sa race, en lançant contre eux une armée étrangère ! Est-il donc un grief permettant de tarir la source maternelle ? Est-ce la terre de la patrie, grâce à tes soins conquise par la lance, qui doit servir ta cause [3] ? »

Le texte d'Eschyle n'est pas favorable à Polynice qui est présenté par Amphiaraos comme un conquérant. Aussi y a-t-il un contraste entre cette présentation et le choix de l'emblème qui fait intervenir la Justice elle-même « aux pensées mesurées » (vers 645). La scène du bouclier respire le calme et l'apaisement : le guerrier a pour allié le droit, nul signe de violence rappelant une arme

---

1. Il veut dire bien sûr Thèbes dont le fondateur légendaire était Cadmos venu de Phénicie.
2. Vers 531-532.
3. Vers 580-586.

n'est visible, et le verbe grec employé par la Justice signifiant le retour de Polynice a une forte tonalité politique. En effet il veut littéralement dire « ramener d'exil », et, pour un régime politique, « restaurer ».

Toutefois, rien ne laisse vraiment penser que Polynice est au sens fort du terme un exilé ; Eschyle ne raconte à aucun moment dans sa pièce les causes et les circonstances de cet exil. Comme le remarque un critique, H. D. Cameron, « le chœur, qui a amplement l'occasion de critiquer Étéocle, ne dit pas une seule fois qu'il a fait du tort à son frère » [1]. Le silence sur ce point montre que la revendication de Polynice tient plus de la formule servant d'habillage à un acte répréhensible que d'une juste exigence.

L'héritage perverti d'Étéocle et Polynice.

Certes Étéocle est le champion de la justice ; mais il est aussi le fils d'Œdipe. Or la situation familiale des Labdacides est des plus délicate : Étéocle et Polynice ont négligé leur père en le privant de certains honneurs qui lui étaient normalement dus – ils lui ont refusé la part revenant au roi lors des sacrifices ; Œdipe ne l'a pas supporté, comme le rapporte le chœur : « Et contre ses fils mêmes, indigné de leurs piètres soins, hélas ! il lança des imprécations amères : c'est le fer au poing qu'ils se partageraient ses biens ! Et je tremble maintenant qu'elles ne soient réalisées par l'Erinys au jarret souple [2]. » Voilà donc l'une des origines de la catastrophe : Œdipe se livre à une nouvelle

1. H. D. Cameron, 1968, p. 252. C'est nous qui traduisons le texte anglais.

2. Vers 785-791.

perversion, puisque le testament qu'il laisse contient en fait une malédiction. La parole d'Œdipe engage l'avenir non pas sur la voie d'un règlement pacifique mais sur celle d'une lutte à mort. La terre de Thèbes n'est pas léguée et partagée mais abandonnée à la violence fratricide, et le « testament » d'Œdipe abolit en réalité tout droit au lieu de le prolonger et de le garantir au-delà de sa mort. Eschyle insiste beaucoup sur le fait que la malédiction s'accomplit ; l'Erinys dont il est question au vers 791 – dans le texte grec ce mot d'Erinys est le dernier de la strophe – est la divinité qui sanctionne les malédictions en veillant à ce qu'elles s'accomplissent. Elle est aussi un principe cosmologique qui empêche les choses de sortir de l'ordre qui leur a été assigné. C'est dire que des « imprécations amères » placées sous le patronage de cette divinité renferment une force considérable. Eschyle lui donne même un visage et une réalité symbolique : il s'agit du fer dont sont faites les épées des deux frères. Un peu plus haut, il était déjà question de l'Erinys au vers 723 qui inspirait non pas de la crainte mais des frissons (vers 721) ; le chœur disait alors : « Celui qui distribue les parts, l'étranger Chalybe [1], émigré de Scythie, dur partageur de patrimoines, le Fer aux cruels desseins, a déjà, en secouant les sorts, décidé qu'ils n'occuperaient de leurs terres que ce qu'en peut tenir un mort – à jamais frustrés de leurs vastes champs [2] ! » Dans la traduction de la Collection

1. Cet adjectif désigne une tribu barbare vivant en Scythie, c'est-à-dire dans les terres jouxtant à l'ouest la mer Noire. C'est là, dit-on chez les Grecs, que le fer fut découvert pour la première fois.

2. Vers 727-734.

des Universités de France, on donne pour le vers 727, « Celui qui agite les dés » qui nous apparaît négliger le sens exact du mot *klèrous,* dont la signification est ici juridique, vu qu'il désigne les parts d'héritage assignées aux deux frères. Il faut résister à la tentation de voir dans cette image une froide personnification, car ce serait oublier qu'Eschyle a introduit dans le texte le thème de la médiation. Elle est assurée par l'« étranger Chalybe » et non par des proches des deux parties en conflit comme c'était pourtant le cas – les récits qu'on lit dans les procès athéniens le montrent bien. C'est là une anomalie, et même une perversion des pratiques juridiques puisque le père se dessaisit de son rôle normal d'arbitre et le confie à ce qui semble l'antithèse du droit. Le fer, c'est l'irruption de l'étrangeté et de la violence au sein du familier.

Eschyle se sert dans *les Sept...* comme dans ses autres tragédies d'une image forte et récurrente comme d'un moyen idéologique parmi d'autres donnant le sens de la « leçon » tragique. Ici, c'est celle de l'épée, et les dernières paroles du messager venu annoncer la mort d'Étéocle et Polynice le prouvent. Il dit au moment de sortir définitivement de scène : « les rois, les deux chefs d'armée, se sont partagé tout leur patrimoine avec le fer scythe forgé au marteau et ne posséderont de terre que ce qu'ils en trouveront dans la tombe où les ont précipités les vœux malheureux d'un père ! » [1]. Nous pourrions également citer les vers 880-886 et les vers 907-911 ou encore les vers 940-946. De tous ces passages, il ressort que la famille des Labdacides est incapable de régler ses actes sur des

1. Vers 815-819.

modèles juridiques admis de tous. L'héritage ne suit pas les lois grecques. Cette entorse n'est pas la première : avant elle, le mariage d'Œdipe a constitué l'infraction suprême.

Pour mettre fin à ces aberrations, il est nécessaire que les Labdacides disparaissent complètement : tel est le sens de l'oracle qu'Apollon donna jadis à Laïos et dont le chœur nous livre le contenu : « En mourant sans descendance, on sauve la cité » [2]. On note l'ambiguïté de l'oracle qui ne cite pas le sujet des deux verbes. Le salut de la cité est assuré par la mort des frères ennemis car ils sont « privés de postérité », comme le dit le chœur au vers 828, ce qui suggère que, pour Eschyle, la sécurité du groupe est primordiale, fût-elle obtenue au prix de la disparition de la maison royale des Labdacides. Comme l'annonce avec réticence le messager au vers 804, « Thèbes est sauvée, mais les rois frères... » et sa phrase reste en suspens. L'effet de la malédiction paternelle est donc d'abolir la distinction entre Étéocle et Polynice : jusqu'à la fin de la tragédie, il n'est plus question de répartir les responsabilités entre le juste roi et l'injuste exilé. Cela a de quoi frapper notre manière de pensée contemporaine, mais cette indistinction entre agresseur et agressé s'explique sans doute par la croyance en l'efficacité de l'imprécation d'Œdipe qui entraîne la folie et le malheur de ses fils. Le reste passe alors au second plan, et le mal rongeant la famille dissout les catégories que l'on pourrait croire les plus étanches et les mieux définies. Un jeu étymologique confirme ce point : Eschyle se paie l'audace d'appeler les deux frères au vers 830

1. Vers 748-749.

des « Polynices ». Le conflit l'emporte sur tout, et Étéocle change de nom pour porter celui de son frère qui signifie en grec l'« homme impliqué dans de nombreuses querelles ».

Les Phéniciennes

Cette tragédie est postérieure de près de trois générations [1] aux *Sept contre Thèbes.*

L'impossible règlement de l'héritage dans *les Phéniciennes* a un effet beaucoup plus destructeur que dans Eschyle, et, sans ambages, Tirésias déclare à Créon qu'« il fallait d'abord refuser à la lignée d'Œdipe place dans la cité et sur le trône, car le génie qui les possède les pousse à détruire la cité » [2]. De cette destruction il n'est pas question à la fin des *Sept;* il serait tentant d'avancer la même chose chez Euripide, puisque les assiégeants sont défaits dans un terrible combat. Mais ce serait ne pas tenir compte de deux temps forts de la pièce, le sacrifice de Ménécée, fils de Créon, et le suicide de Jocaste suivi de la mort de nombreux Thébains innocents. Ces disparitions sont autant de symboles du désastre collectif. L'on pourrait objecter que la mort de Ménécée et de Jocaste serait l'illustration d'une disparition radicale du *genos* des Labdacides ; dans ces conditions la noirceur de la tragédie tiendrait à cette disparition. L'on s'appuierait alors sur un passage dans lequel Ménécée est donné pour le frère de lait de Polynice et d'Étéocle [3]. Mais ce serait alors négliger le fait que Ménécée affirme se

1. Traditionnellement, on la date de 411 avant J.-C.
2. Vers 886-888.
3. Ce sont les vers 986-989 dans lesquels Ménécée déclare qu'il a reçu le sein de Jocaste après être devenu orphelin.

sacrifier « pour la patrie qui [l'] a enfanté » [1]. C'est un citoyen qui meurt pour sa terre, ce qui est sans doute beau mais révoltant car cet acte est la conséquence indirecte du conflit entre les héritiers de Thèbes.

Dans le cas du suicide de Jocaste, l'image de la mère mourant sur le corps de ses fils opposés dans une guerre intestine renvoie, selon nous, dans l'imaginaire des Grecs de cette époque à la cité affaiblie par les troubles civils. Rappelons qu'à l'inverse les Athéniens, et d'autres encore en Grèce [2], s'enorgueillissent d'être nés du sol lui-même, ce qui s'appelle en grec l'autochtonie. Le lien entre les hommes et leur terre est dès lors pensé comme organique et il suppose que la population est fille de sa terre.

Euripide a modifié très profondément le sens de cet épisode mythique qui subit un processus de radicalisation par rapport à Eschyle. Ce dernier est clairement visé, et les allusions à son théâtre, comme très souvent chez Euripide, sont claires. Le but est de démolir les valeurs défendues par Eschyle en s'en prenant à sa mise en scène du mythte qui en véhicule le sens. Deux exemples significatifs. Le premier est tiré du prologue. Le pédagogue [3] a conduit Antigone sur les remparts de Thèbes, car elle désirait voir le spectacle offert

1. Vers 996.

2. À Thèbes, il est question des « Semès », c'est-à-dire des guerriers nés des dents du dragon semées dans la terre. Ces hommes sont particulièrement belliqueux : ils naissent armés et se battent entre eux ; Cadmos fonde avec les survivants la cité de Thèbes.

3. C'est un vieil esclave à qui sont commis les soins d'un jeune enfant. Il le conduit à l'école et dans les divers endroits de la cité en lui servant de « chaperon ».

par les armées des assiégeants. À la fin de cette scène, il ajoute :

« Rentre, ma fille, dans la maison, et regagne l'abri de ta chambre, maintenant que tu as satisfait ton désir et vu ce que tu voulais voir. Car dans le tumulte qui gagne la ville, des femmes en foule viennent vers la maison royale. Toute femme aime à critiquer, au plus léger prétexte, elle en ajoute tant et plus. Car elles se plaisent à gloser entre elles, sans jamais rien dire de bon [1] » [2].

Le ton est donné; Euripide fait un clin d'œil à son public, en lui laissant penser qu'il va voir une scène comparable à celle des vers 203 à 286 des *Sept*... Or il n'en est rien; les femmes qui vont venir ne sont pas les Thébaines faisant part de leur crainte à Étéocle mais de jeunes Phéniciennes [3] qui forment le chœur.

Le second exemple est la déclaration que tient Étéocle au moment de quitter définitivement la scène. Il se range aux conseils de Créon en décidant d'opposer des guerriers aux six chefs de l'armée argienne et dit alors : « Ce sera fait. J'irai aux sept tours du rempart poster un chef à chaque porte ainsi que tu l'as dit, opposant force égale à la force ennemie. Te nommer chacun d'eux serait du temps gâché, quand l'ennemi campe au pied des murailles [4]. » L'allusion aux *Sept* est encore trans-

1. Vers 193-201.

2. Nous suivons, sauf indication explicite, la traduction de M. Delcourt.

3. Elles viennent de Tyr, qui se trouve dans le sud du Liban actuel.

4. Vers 748-752.

parente, puisqu'il y a une référence à la scène de description des boucliers qui occupait le centre du drame d'Eschyle. Euripide veut donc que les spectateurs se rappellent bien la situation de cette pièce pour comprendre par contraste le sens de la sienne.

Polynice ou la victime en quête d'un statut

La situation politique chez Euripide n'est pas du tout la même que chez Eschyle. Polynice dans *les Phéniciennes* est vraiment un exilé. Ce point est très fortement souligné. Dans le prologue, Jocaste décrit tous les malheurs des Labdacides et n'omet pas de préciser qu'« une fois assis au gouvernail, Étéocle n'a plus voulu renoncer au pouvoir, et il bannit Polynice de Thèbes » [1]. Après la mère, c'est au tour de la sœur, Antigone, de rappeler cet exil. C'est l'occasion de le déplorer : « Ah ! comme un nuage poussé par le vent, à travers l'espace, m'élancer vers lui, vers mon frère, entourer de mes bras son cou chéri, après si longtemps que dure son exil [2] ! » Euripide ne s'est pas contenté de mentionner en passant Polynice. Plus qu'un nom, c'est un personnage en chair et en os que le spectateur voit apparaître au vers 261. Grâce à une trêve dont Jocaste a pris l'initiative, le voici dans les murs de Thèbes. Le dramaturge ne manque pas alors de composer une scène très pathétique entre la mère et le fils qui occupe les vers 303 à 442. L'injuste exil de Polynice n'est pas seulement rappelé par Jocaste aux vers 317 à 321 ; il a une conséquence bien visible pour tous les spectateurs : la reine déclare avoir coupé ses cheveux et revêtu des

1. Vers 74-76.
2. Vers 163-167.

habits sombres, c'est-à-dire avoir pris le deuil, en raison de cet exil. La mise en scène de la pièce reflète donc l'importance de ce problème à la fois juridique et politique qu'est l'exil. C'est là un aspect original de l'œuvre d'Euripide qui le développe en particulier dans un dialogue entre Jocaste et Polynice portant sur les malheurs subis par l'exilé (vers 383 à 407). Vivre ainsi, c'est ne plus avoir d'amis, c'est aussi manquer de pain et constater qu'« une noble naissance » [1] ne nourrit pas son homme.

Euripide ne noircit pas le tableau : les torts sont partagés. Polynice est la victime d'une injustice, et sa position à ce moment de l'action laisse espérer un arbitrage pacifique. Ne reconnaît-il pas dès le vers 374 « combien [sont] terribles, mère, les haines familiales » [2] ? Contrairement au Polynice d'Eschyle qui est le plus cruel et le plus impie des sept chefs, ce personnage avoue que « beaucoup de chefs d'Argos et de Mycènes sont venus avec moi, m'apportant un secours dont je souffre puisque j'attaque ma cité » [3]. Tous les torts ne sont pas du côté de l'assaillant, ce que, du reste, le pédagogue pensait dès le prologue lorsqu'il déclarait à Antigone qui souhaitait la destruction de l'armée ennemie : « La justice est avec eux, et je crains que les dieux à bon droit ne leur en tiennent compte [4] ! » Dans le commentaire le plus récent et le plus complet de la tragédie D. J. Mastronarde voit dans ce thème « un leitmotiv du premier tiers de la pièce » [5] qui est totalement absent de la pièce d'Eschyle.

---

1. Vers 404-405.
2. Vers 374.
3. Vers 430-433.
4. Vers 154-155.
5. *Euripides' Phoenissae*, Cambridge, 1994, p. 194.

« La tyrannie, cette injustice source de bonheur »

Ce premier tiers est la quête d'une impossible entente entre les frères. En fait de réconciliation, c'est une âpre joute verbale qui s'engage. La langue grecque appelle ce type de scènes, fréquentes dans la tragédie, des *agônes**, mot signifiant aussi bien le débat contradictoire que la lutte de vive force. Les deux frères vont donc faire de leurs discours des armes, ce qui par définition exclut la solution pacifique dans laquelle on se croyait engagé. Et ainsi leurs échanges préfigurent-ils le duel à mort qui aura lieu plus tard hors de la scène. Ce vaste ensemble occupe les vers 469 à 525, auxquels il faut ajouter la réplique de Jocaste qui va du vers 528 au vers 585 :

> « Polynice – La vérité parle un langage simple. Une cause juste se passe fort bien de subtils commentaires. D'elle-même, elle va au but. L'injustice en revanche remédie par l'art à sa faiblesse propre. En ce qui me concerne, bien plutôt que mon patrimoine, j'ai en vue mon bien et celui de cet homme. C'est pour éluder les malédictions lancées jadis contre nous par Œdipe, que je me résolus à quitter le pays, lui accordant à lui, de gouverner toute une année, à condition qu'ensuite je prendrais le pouvoir à mon tour, évitant ainsi d'en venir contre lui à la haine et au meurtre, de commettre le mal pour le subir ensuite, ainsi qu'il arrive toujours. Il accepta et prêta serment par les dieux, puis ne tint rien de ses promesses, mais conserva le pouvoir en ses mains, ainsi que ma part d'héritage. Encore à présent je suis prêt, si mon dû m'est restitué, à renvoyer de Thèbes mon armée, à gouverner ma maison à mon tour, pour la lui céder

derechef au moment convenu, sans devoir ravager ma patrie, faire monter aux tours l'assaut des échelles bien agencées, ce que je tenterai, si je suis exclu de mon droit. J'atteste les dieux que je ne fais là rien qui ne soit juste, moi ! dépouillé de ma patrie au mépris de toute équité ! Les choses telles qu'elles sont, je les ai dites sans ambages, ma mère, mais de façon que tous, doctes et simples, reconnaîtront, je pense, où est le droit.

Le coryphée – Pour moi, bien qu'élevée loin de la terre grecque, tu me sembles parler conformément à la sagesse.

Étéocle – Si une seule et même chose paraissait à tous sage et belle, y aurait-il entre les hommes disputes et conflits ? Mais les mortels parlent d'égalité de droits quand ce ne sont que de vains mots que les actes démentent. Or, je veux te parler, ma mère, sans te rien déguiser. J'irais au firmament jusqu'au point où les astres se lèvent, j'irais jusqu'au fond de la terre, si j'en étais capable, pour posséder la déesse suprême, la Royauté. Et ce bien-là, ma mère, je refuse de le concéder à un autre quand je puis le garder pour moi. Lâche est celui qui consent à perdre le plus pour recevoir le moins. Sans compter que je rougirais d'accorder sa requête à qui arrive en armes pour ravager la ville. Thèbes aurait honte si je craignais la lance mycénienne au point de laisser mon sceptre à cet homme. S'il voulait traiter avec moi, il devait venir désarmé car la parole écarte les obstacles, aussi bien que le fer menaçant. S'il désire habiter librement ce pays, libre à lui. Mais de mon plein gré je n'abdiquerai pas, et tandis que je puis gouverner je ne serai pas son esclave. Et maintenant sus, épées et brûlots ! Attelez vos chevaux, lancez vos chars par toute la plaine, mais qu'on n'attende pas que je lui cède le pouvoir. Si une chose vaut qu'on viole le droit, c'est la tyrannie, admirable iniquité ! Pour tout le reste, obéissons aux dieux.

Le coryphée – Un beau discours pour une cause qui ne l'est pas est peu louable et blesse la justice.

Jocaste – Tout n'est pas méprisable dans la vieillesse, Étéocle, mon fils. L'expérience a bien son mot à dire, plus sage que celui des jeunes gens. Pourquoi, mon enfant, accorder ton cœur à la plus malfaisante divinité, l'Ambition ? Ne fais pas cela. Elle est tout injustice. Elle visite des maisons et des villes heureuses pour y laisser la ruine derrière elle. C'est elle qui t'égare. Bien plus digne d'honneur est l'Égalité qui lie à jamais les amis aux amis, les cités aux cités, les alliés aux alliés. L'Égalité pour l'homme est une haute loi ; mais, contre Plus, Moins toujours part en guerre et donne le signal des jours de haine. L'Égalité gouverne les mesures, les poids et les nombres, qu'elle divise en leurs parties exactes. La paupière obscure des nuits et la lumière du soleil du cercle de l'année prennent chacune leur moitié, et chacune de bonne grâce cède la place à l'autre. Le soleil et la nuit sont les esclaves de la mesure, et toi tu voudrais plus que ta part d'héritage en refusant de lui donner la sienne ? Alors, que devient l'Équité ? La Royauté, qui est injuste avec bonne conscience, pourquoi tant l'honorer et la mettre si haut ? Attirer les regards ? à quoi cela sert-il ? Vanité pure. Qui possède beaucoup a beaucoup de soucis. C'est cela que tu veux ? Avoir plus, qu'est-ce donc ? Rien qu'un mot. Le sage se contente de ce qu'il faut pour vivre. Et les hommes d'ailleurs n'ont pas de biens en propre. Les dieux seuls les possèdent, nous les accordent à gérer, pour les reprendre aussitôt qu'il leur plaît.

Quelle opulence est stable ? Toutes sont éphémères. Allons, suppose que je te demande, en te donnant le choix : “Veux-tu régner, ou veux-tu sauver Thèbes ?” Tu diras que tu veux régner. Oui, mais si c’est lui qui l’emporte, si la lance d’Argos vainc celle des Thébains, tu verras domptée cette ville où nous sommes, tu verras nos filles emmenées captives, livrées aux mains brutales de l’ennemi. Funeste alors sera pour Thèbes cet or que tu veux conserver, funeste aussi toi, l’affamé d’honneurs. Voilà ce que j’avais à te dire.

Toi, Polynice, écoute. Ce fut folie d’accepter les faveurs qui te lient à Adraste, folie aussi d’être venu pour saccager la ville. À supposer que tu la prennes, ce que ne plaise au ciel, au nom des dieux oseras-tu élever à Zeus un trophée ? Quel sacrifice offriras-tu pour avoir vaincu ta patrie ? Si tu dédies nos dépouilles aux bords de l’Inachos, y graveras-tu : “Polynice, ayant brûlé Thèbes, offrit aux dieux ces boucliers” ? Que la Grèce, mon fils, n’ait jamais ce reproche à te faire. Mais si c’est lui qui l’emporte sur toi, de quel front rentrer à Argos, en laissant ici tant de morts ? Car on dira : “Quelle union fatale tu fais peser sur nous, Adraste ! Une fiancée a suffi à causer notre ruine.” Tu cours, mon fils, à un double danger, perdre tes alliés et tomber sans atteindre Thèbes. Tous les deux, revenez à la juste mesure. Quand deux erreurs tendent au même point, il n’en sort que haine et malheur. »

Immédiatement avant ce long échange, Jocaste mettait de grands espoirs dans cette rencontre. Selon elle, Polynice n’aura qu’à regarder « face à face » [1] son frère, et le dialogue s’instaurera de lui-

1. Vers 458.

même, car ainsi il « parlera et écoutera mieux » [1]. Le visage fraternel est donné pour une promesse de réconciliation, sans doute parce qu'il porte en lui la familiarité de ce qui est connu et de ce qui est à la ressemblance de soi. Mais la volonté de chacun des deux frères les pousse à s'enfermer dans une logique excluant autrui. Un indice formel est là pour nous le rappeler. Polynice ne s'adresse pas à Étéocle, mais à Jocaste (voir le vers 494) et la réciproque est encore vraie. Étéocle déclare au vers 503 ne rien vouloir cacher à sa mère qui est également l'interlocutrice des vers 507 et 516. Contrairement au dialogue socratique qui suppose que chacun réfute et se laisse réfuter, pour reprendre une expression que Socrate emploie à l'endroit de Gorgias [2], les propos des deux frères ne laissent place à aucun autre point de vue. Et quand enfin ils s'adressent directement l'un à l'autre, c'est pour affirmer que l'accord est impossible et que le seul désir qu'ils partagent est de se mettre réciproquement à mort. Ainsi Étéocle fait-il connaître dès le début de sa tirade ses intentions : rien ne le poussera à se démettre de bon gré, et il revient sur ce point à la fin. La disposition scénique des personnages traduit le caractère irréconciliable des positions de chacun : rangés de part et d'autre de leur mère, entrant sur la scène par des voies d'accès différentes, ils sont littéralement des figures de l'affrontement. Cette logique de la symétrie est poussée à l'extrême, puisque les tirades de Polynice et d'Étéocle comportent le même nombre de vers (au nombre de vingt-six), si l'on admet que le

1. Vers 459.
2. *Gorgias*, 458a.

vers 480 est une interpolation. D. Lanza, dans son étude de ce passage, note à juste titre qu'il existe ici une « construction symétrique de la querelle » [1].

A ce présent qui est le temps d'une lutte sans merci s'oppose dans le récit de Polynice un passé bien différent. En ce temps-là, les deux frères parlaient d'une même voix, et Étéocle « acceptait » et « promettait » [2] de respecter le principe d'une alternance du pouvoir que lui proposait Polynice et qui est longuement rappelée aux vers 476-481. On retrouve là le thème de l'agresseur qui est aussi une victime. Euripide ajoute alors un second volet. Il s'agit de la problématique du roi injuste. Du roi ou du tyran ? Il n'est pas facile de répondre à cette question, car Étéocle qualifie le pouvoir qu'il détient de « tyrannie » aux vers 506, 523 et 524. Certes, il n'opprime pas le peuple thébain et n'est pas un tyran dans le sens contemporain du terme. L'héritier d'Œdipe n'en commet pas moins une double infraction contre le droit. D'abord, il accapare injustement le patrimoine qui devait être géré également par Polynice. Ce dernier y fait bien sûr clairement allusion aux vers 478 et 486 quand il parle de sa « part » d'héritage qu'il est venu récupérer d'une façon ou d'une autre. De son côté, Étéocle avoue sans ambages qu'il préfère « garder pour [lui] » [3] un pouvoir qui n'est plus pensé selon le concept de l'égalité mais selon « le plus » et « le moins », autrement dit sur le mode de la dissymétrie. Étéocle ne reconnaît pas la valeur des engagements qu'il a pris et il n'assoit l'exercice du pouvoir que sur une politique du fait accompli.

1. D. Lanza, 1997, p. 147.
2. Vers 481-482.
3. Vers 508.

De plus, il présente comme une « lâcheté » [1] toute autre façon de se comporter. La promesse cède la place au cynisme qui a jeté bas le masque. Étéocle reconnaît qu'il est injuste ; au vers 603, il le déclare franchement (« je l'avoue ») et, dans la tirade qui nous occupe, il en fait déjà un demi-aveu en disant « Si une chose vaut qu'on viole le droit, c'est la tyrannie, admirable iniquité » [2]. L'état d'esprit d'Étéocle rappelle celui des chefs factieux qui, pendant la guerre du Péloponnèse, se disputent le pouvoir dans les cités, en n'hésitant pas comme nous l'apprend Thucydide, en III 82, à altérer le sens usuel des mots ayant rapport avec les notions politiques et morales. Comme l'écrit l'historien : « En voulant justifier des actes considérés jusque-là comme blâmables, on changea le sens ordinaire des mots. » En temps de guerre civile, le monde marche à l'envers, et Thucydide donne de nombreux exemples de ces inversions : « La précaution prudente passait pour une lâcheté qui se donne de beaux dehors. » Dans la tirade d'Étéocle, on retrouve quelque chose de similaire, et ce n'est plus la prudence mais le désir de régler selon la justice les différends familiaux qui passe pour une lâcheté.

Habile à manier des sentences qui sont autant de slogans justifiant une conduite politique reposant sur la négation explicite du droit, Étéocle viole encore la justice en concevant un éventuel arrangement avec son frère comme la plus intolérable des sujétions. Ne dit-il pas en effet : « Tandis que je puis gouverner, je ne serai pas son esclave [3] ? » Pour expliquer ce point, il faut se

1. Vers 509.
2. Vers 524-525.
3. Vers 520.

référer au discours de Jocaste qui répond à celui d'Étéocle sur tous les plans. La reine fait allusion au rythme immuable et ordonné des phénomènes naturels aux vers 541-546. Cet ordre cosmique est avant tout celui de l'alternance du jour et de la nuit, lesquels « sont esclaves » [1] des mesures fixant leurs longueurs respectives et les moments de leur succession. Jocaste n'emploie pas ce lieu commun de la tragédie grecque [2] sans avoir une intention précise qui apparaît dans les vers suivants : la référence à un monde d'ordre et d'alternance pacifique est là pour montrer la bonne voie à Étéocle, autrement dit l'amener à considérer le partage du pouvoir comme une chose naturelle et normale. Un indice littéral nous montre que les vers 520 et 546 se répondent ; il s'agit de l'emploi dans les deux passages du même verbe « être esclave ». La succession est appréhendée en ces termes : pour Étéocle, c'est être esclave d'un homme, alors que, pour Jocaste, c'est être l'esclave d'une loi naturelle et bonne. Le même thème est donc repris et retourné, comme il est habituel dans un *agôn*. Jocaste propose ainsi une pratique du pouvoir fondée sur la symétrie et le passage réglé d'une sphère d'influence à l'autre. Cela suppose une harmonie et une complémentarité à l'œuvre dans la vie sociale qui sont précisément menacées par la « tyrannie, cette injustice source de bonheur » [3], comme le dit la reine. La dialectique du « plus » et du « moins » change de sens : elle est source de désastre pour la collectivité, même si elle peut apporter au roi un

1. Vers 546.
2. Il apparaît avec une signification totalement différente dans l'*Ajax* de Sophocle aux vers 672-673.
3. Vers 549.

avantage. Quel que soit le vainqueur, une cité entière souffrira de ce partage à coups d'épée. C'est le sens des remarques de Jocaste à ses deux fils. Si Étéocle ne cède pas et qu'il perde le combat, sa cité sera détruite, et si Polynice est battu, il attirera des ennuis à Adraste qui sera critiqué par ses concitoyens pour avoir contracté une alliance funeste à tous à Argos. En cas de victoire de Polynice, ce sera bien évidemment Thèbes qui en pâtira ; ainsi le sort de ce dernier est-il encore moins enviable que celui d'Étéocle, car il est condamné à toujours faire le malheur d'une communauté entière.

Les conséquences politiques d'un héritage impossible

Le problème juridique de l'héritage dans cette tragédie prend une ampleur considérable qui dépasse le cadre familial. Il est le reflet d'un désordre de la nature qui ne peut avoir que des conséquences néfastes pour tous, ce qui introduit une différence notable entre Euripide et Eschyle. En effet, on a vu que dans les *Sept...*, la mort des deux frères est une catastrophe pour la maison d'Œdipe à laquelle les citoyens compatissent sans que pour autant Thèbes soit détruite. Dans *les Phéniciennes* au contraire l'impossible réconciliation des deux frères entraîne également la perte d'autrui. Le récit que fait le messager à Créon de la mort d'Étéocle et Polynice le montre nettement. Jocaste ne peut supporter le duel fratricide et « d'un bout à l'autre, elle se tranche la gorge » avec une épée [1]. Pourtant l'extinction des membres de

1. Vers 1457-1458.

la famille n'est pas le comble de l'horreur. Le récit du messager continue ainsi :

« Les soldats alors sautent sur leurs pieds et la dispute éclate. Nous déclarons que notre roi l'a emporté. Eux, que c'est Polynice. Les chefs ne sont plus d'accord. Polynice a frappé, disent les uns, à quoi l'on répond que leur double mort exclut toute victoire. Cependant, Antigone s'était dérobée, à l'écart des soldats qui reprirent la lutte. Heureusement, dans sa prudence, le peuple de Cadmos avait campé en armes, et notre brusque attaque surprit les Argiens non encore équipés. Pas un ne résista. La plaine se remplit de leurs fuyards, tandis que ruisselait le sang et que les morts tombaient par milliers. Une fois la victoire acquise, nos gens dressèrent l'effigie du Zeus de la Déroute. Les uns dépouillaient de leurs boucliers les guerriers argiens, et nous faisions porter le butin au donjon, tandis que d'autres s'occupaient des morts [1]. »

La structure de ce passage reprend celle qui sous-tendait la première partie de la tragédie. À l'affrontement verbal des deux frères correspond ici la « querelle en paroles » dont il est question au vers 1460 : c'est le sens exact de l'expression grecque. Et comme précédemment le conflit ne reste pas longtemps sur le plan verbal ; Euripide insiste sur les conséquences de la bataille qui se déchaîne : les « milliers de morts » et le « sang » qui coule à flots [2] sont là pour nous rappeler que le duel d'Étéocle et Polynice dont le sang « ruisselle » [3]

1. Vers 1460-1477.
2. Vers 1471.
3. Vers 1415.

n'est que le prélude d'un massacre à bien plus vaste échelle. La querelle fratricide ne met pas un terme à la guerre entre les Argiens et les Thébains, comme dans Eschyle, mais elle la préfigure.

Sinistre conséquence : il a fallu la mort de milliers d'hommes pour qu'Étéocle expie « l'injustice source de bonheur » de son pouvoir. Sinistre mais justifiable : après tout, les Argiens sont des agresseurs venus de l'extérieur, et Polynice, au moment d'affronter son frère en combat singulier, adresse une prière à la déesse Héra qui est la protectrice traditionnelle d'Argos [1]. C'est nous suggérer que le fils d'Œdipe a commis lui aussi une injustice en venant attaquer sa patrie, comme l'a bien démontré J. de Romilly dans un long article consacrée aux *Phéniciennes* [2]. Mais Euripide a donné plus de relief encore à des conséquences non seulement douloureuses mais beaucoup moins facilement justifiables. Le suicide de Jocaste en est l'illustration la plus nette. Au-delà d'une interprétation psychologique qui resterait entachée d'un sens moderne inadapté pour comprendre le monde antique, il faut peut-être se souvenir que, pour les Grecs, la mère et la terre sont des réalités synonymes. Citons un texte de beaucoup postérieur à l'époque classique [3], mais qui ramasse une somme des croyances les plus anciennes et les plus ancrées qui eurent cours en Grèce : il s'agit de *la Clef des songes* d'Artémidore de Daldis. Dans le premier livre, l'auteur traite entre autres des rêves incestueux, parmi lesquels l'union du fils et de la mère.

1. Vers 1364-1368.

2. « *Les Phéniciennes* d'Euripide ou l'actualité dans la tragédie grecque ». Voir notamment pp. 31-32.

3. C'est un texte écrit au IIe siècle après J.-C.

Il écrit au chapitre 79 que « ce rêve est de bon augure aussi pour tous les démagogues [1] et les hommes politiques ; car la mère est le symbole de la patrie ». Revenons-en maintenant au récit du suicide de Jocaste. Il est probable qu'il signifie la mort de la cité en tant qu'elle est victime d'une division sans espoir de réconciliation. C'est par le spectacle de ce corps meurtri et par celui offert par les cadavres des deux frères qu'Euripide finit sa tragédie. L'espoir n'est plus permis, ce qui donne à cette œuvre un côté beaucoup plus sombre qu'à celle d'Eschyle.

Enfin, l'impossible partage est aussi à l'origine d'un autre suicide, rituel cette fois, celui de Ménécée, fils de Créon. Les raisons de cet acte sont à chercher dans l'oracle donné par le devin Tirésias présent sur scène du vers 834 au vers 959. Le devin de Thèbes connaît un moyen sûr de vaincre les troupes assiégeantes ; voici ses paroles : « Sache donc quel moyen révèlent mes oracles. Si tu veux sauver Thèbes, il te faut immoler Ménécée, oui, ton fils. Aussi bien c'est toi-même qui provoques le sort [2]. » La raison de ce sacrifice est donnée plus loin : Arès veut que soit vengée la mort du Dragon qui gardait le site lorsque le fondateur de la future Thèbes, Cadmos, le mit à mort pour bâtir justement la cité. C'est le talion dans toute son horreur : le sang doit couler pour le sang versé. Mais pas le sang de n'importe qui ; le châtiment doit frapper un descendant direct « en ligne masculine et féminine » de Cadmos [3] pour que la compensation soit le double parfait de la faute ini-

1. Le mot grec n'est pas forcément péjoratif : il désigne tout « leader politique » influent.

2. Vers 911-914.

3. Vers 943.

tiale. Il s'agit de Ménécée que son père veut à tout prix sauver en lui faisant quitter la cité au plus vite et en cachette. Mais le jeune homme réussit à l'éloigner et fait le choix de la mort pour le bien de sa patrie dans une tirade, qui est une « ardente profession de foi [... qui] brille comme un joyau sans tache, seul exemple de ce dévouement dont toute la tragédie a pour but de déplorer l'absence », comme l'écrit J. de Romilly [1]. Le sentiment patriotique monte alors à son comble :

> « Femmes, vous le voyez : j'ai bien su enlever cette crainte à mon père, et l'abuser pour atteindre mon but. En me faisant partir, il retire à Thèbes sa chance et me voue à la lâcheté. On peut le pardonner à un vieillard, mais moi je n'aurais nulle excuse pour trahir la patrie à qui je dois le jour. Sachez-le donc, je vais la sauver au prix de ma vie. Quoi ! ceux que nul oracle ne lie, qui ne sont pas pris dans l'étau des dieux, acceptent de mourir, le bouclier au flanc, près du rempart en combattant pour elle, tandis que moi, trahissant mon père, mon frère [2] et ma cité, je partirais faute de courage ? Partout où j'irais me suivrait la honte ! Non ! Par Zeus là-haut dans les étoiles, par le sanglant Arès qui établit seigneurs en ce pays les Spartes jadis issus de la terre, je veux aller, debout au sommet des créneaux, faire couler mon propre sang dans le trou noir de l'antre du Dragon, lieu désigné par le devin, et je libérerai ce sol. Voilà ma décision [3]. »

1. P. 34.

2. Ce frère, c'est Hémon, fiancé à Antigone, ce qui l'empêche d'être sacrifié comme son cadet.

3. Peut-être faut-il supposer que les vers 1013-1018 sont un ajout plus tardif. Ils ne changent en tous les cas rien à la teneur et au ton de la tirade.

Lorsque Étéocle accepte de se battre, c'est avant tout pour des raisons individuelles : ce qui lui importe, c'est de conserver richesse et pouvoir. La cité ne vient qu'en second lieu [1]. C'est tout juste le contraire dans le cas de Ménécée : le courage, ce n'est pas de garder la part la plus grande en dépit du droit, comme le croit Étéocle, mais de faire passer le plan général avant les intérêts particuliers.

Le salut de Thèbes est assuré par une initiative individuelle au service de la collectivité et non par les chefs dont c'est pourtant la raison d'être. Le chœur ne s'y trompe pas, lorsqu'il déplore dans son chant le sort de Ménécée qui « ne laisse à Créon que des larmes mais [qui] sur le septuple verrou des tours de Thèbes va poser une belle couronne » [2]. À l'inverse, Polynice se flatte d'obtenir une « couronne » [3] qui serait la récompense obtenue pour avoir tué son frère ; quant à Étéocle, il espère que sa victoire lui permettra de tremper son bras dans le sang fraternel [4]. Il y a donc une certaine ironie, comme le note Podlecki [5], à opposer un geste civique à la bravade fratricide de Polynice qui compte obtenir avec la couronne la récompense que les Grecs réservent d'habitude aux vainqueurs des jeux Olympiques et aux citoyens bienfaiteurs d'une cité.

---

1. Rappelons-nous l'ordre des arguments avancés aux vers 504-514 : d'abord, c'est l'affirmation du désir de régner à tout prix (vers 504-510) et ce n'est qu'*ensuite* (vers 510-514) que les considérations patriotiques apparaissent comme un discours plaqué sur le précédent. Voir sur ce point D. Lanza, *op. cit.*, p. 150.
2. Vers 1057-1059.
3. Vers 1369.
4. Vers 1373-1375.
5. *Some themes in Euripides'* Phoenissae, 1962, pp. 367-369.

La supplication ou le droit des faibles

Quand tous les recours ont été épuisés et que l'individu grec se retrouve dans une complète détresse, il lui reste encore une possibilité : il peut supplier. Cette pratique religieuse et sociale, parce qu'elle est typiquement grecque, demande un mot d'explication. Est reconnu comme suppliant celui qui, dans une situation critique, recherche protection et secours soit auprès d'un dieu en s'asseyant dans son temple ou à son autel ou encore au pied de sa statue soit auprès d'un homme. Dans ce dernier cas, il opère la supplication en allant vers celui dont il requiert la protection soit en lui entourant les genoux soit en lui touchant le menton. Par ailleurs, il est encore possible que le suppliant aille s'asseoir à proximité du foyer se trouvant dans la demeure du futur protecteur. Enfin, si la nécessité laisse un répit au suppliant, il peut alors adopter des signes distinctifs qui indiquent clairement qu'il est dans une attitude de supplication : il tient à la main ou à la saignée du coude gauche des rameaux recouverts de bandelettes en laine.

L'exemple d'une supplication au foyer que l'on trouve au Chant VI de *l'Odyssée* permet de situer les enjeux de pouvoir et les présupposés de cette pratique. Ulysse vient d'être rejeté sur la terre ferme après avoir été ballotté pendant dix-huit jours sur la mer. Il a perdu son navire et il est seul sur une île inconnue. La déesse Athéna envoie auprès de lui la fille du roi Alcinoos, Nausicaa, qui le persuade de devenir le suppliant de sa mère Arété. Il accepte l'avis :

« Arété, qu'engendra le noble Rhéxénor ! Je viens à ton mari, je viens à tes genoux après bien des souffrances, je viens à tes convives ! Que le ciel vous accorde à tous de vivre heureux et de laisser un jour, chacun à vos enfants, les biens de vos manoirs et les présents d'honneur que le peuple vous offre ! Mais pour me ramener au pays de mes pères, ne tardez pas un jour : si longtemps, loin des miens, j'ai souffert tant de maux ! »

» Il dit, et près du feu, au rebord du foyer, il s'assit dans la cendre, et tous restaient muets. Enfin, dans le silence, on entendit la voix du vieil Échénéos : c'était le plus âgé des héros phéaciens [1], le plus disert aussi ; il savait tant et tant de choses d'autrefois ! C'est pour le bien de tous qu'il prenait la parole :

« Il n'est, Alcinoos, ni bon ni convenable qu'un hôte reste assis dans la cendre, par terre, au rebord du foyer. Si, tous, nous nous taisons, c'est parce que nous attendons ton avis... Relève l'étranger, fais-le s'asseoir dans un fauteuil aux clous d'argent, puis ordonne aux hérauts de mélanger du vin : que nous buvions encore au brandisseur de foudre, à Zeus qui nous amène et recommande à nos respects

1. C'est le nom du peuple qui habite l'île de Schérie.

les suppliants ! Et dis à l'intendante de prendre en sa réserve le souper de notre hôte [1]. »

Agréer la supplication n'est possible qu'au détenteur de l'autorité ; cela explique pourquoi dans le texte d'Homère les autres Phéaciens se taisent : sans doute sont-ils surpris de voir Ulysse qui, l'instant d'avant, était dissimulé par une nuée répandue par Athéna autour d'Ulysse pour le protéger ; mais c'est surtout parce qu'ils ne sont pas qualifiés pour répondre à la requête d'Ulysse qu'ils gardent le silence. La supplication est adressée au couple royal et à ses « convives » ; mais seule la parole du roi fait autorité. Le mot grec employé par Échénéos que nous avons traduit par « avis » (vers 161) est *mûthos* et il désigne très fréquemment dans l'épopée homérique l'ordre, la parole qui doit être suivie d'effet. Le détenteur de cette parole est un chef investi d'un réel pouvoir reconnu par autrui [2].

« Ni bon ni convenable », dit Échénéos : c'est dire là de façon nette que la supplication est une pratique relevant de la coutume et non d'une loi clairement posée. Mais les paroles du vieil homme insistent surtout sur le fait que le suppliant a des droits garantis par une autorité supérieure à toutes les autres, celle de Zeus. Alcinoos n'hésite pas à se rendre à ces raisons, et il fait ramener Ulysse par bateau au Chant XIII. En effet, Alcinoos est avec Nestor, Ménélas et Eumée l'un des modèles de l'hôte pieux et attentionné de *l'Odyssée* exactement comme le Cyclope Polyphème est l'archétype de

1. Vers 146-166.

2. *Cf.* le premier chapitre du livre remarquable de R. Martin, *The Language of Heroes*, Ithaca, 1989.

l'hôte monstrueux, puisqu'il mange ceux qu'il reçoit.

Cet exemple montre que, dans la supplication, s'articulent des plans différents. D'abord, il y a la détresse et les souffrances du suppliant confronté à un monde hostile et agressif ; ensuite, il est question d'une autorité politique qui a, du moins selon le point de vue du suppliant, le pouvoir de mettre fin aux malheurs subis. Enfin, la supplication suppose une action fondée sur un devoir religieux voulu par Zeus lui-même. C'est donc le dieu du pouvoir suprême qui est du côté de ceux dont le statut est le plus précaire dans l'espace social dans lequel ils sont tolérés sans bénéficier d'un droit au sens fort du terme. Le patronage de Zeus peut être interprété comme un mécanisme compensatoire par lequel la société offre une protection et promet son aide à ceux que la détresse menace d'une totale impuissance.

Dans le cas d'Ulysse à Schérie, la solution est apportée facilement, parce que le héros n'est pas la victime d'un agent agressif puissant ; de plus, Alcinoos est pieux et il se laisse persuader par un Échénéos qui possède tous les attributs d'un conseiller royal – il est vieux et sage [1].

Qu'en est-il maintenant de la supplication dans la tragédie ? Si l'on admet que le théâtre tragique est un univers où des puissances conflictuelles s'affrontent, il est tentant de se demander ce que sont les rapports des divers acteurs impliqués dans la supplication. Le monde hostile et agressif va natu-

1. Dans l'imaginaire homérique, c'est le propre du conseiller idéal : le roi Agamemnon recherche dans les moments critiques racontés dans l'*Iliade* les avis éclairés de Nestor qui a vu trois générations d'hommes se succéder.

rellement occuper une plus grande place dans ce contexte, et le suppliant va courir des dangers autrement plus effrayants que ceux d'Ulysse sur l'île de Schérie. En effet l'agresseur n'a pas une existence virtuelle, mais il apparaît en chair et en os sur la scène ; ses revendications sont impérieuses et il arrive que le droit ne soit pas uniquement du côté du suppliant. Le poète tragique s'attache dans ces conditions à montrer les rapports conflictuels entre les obligations religieuses de l'autorité à laquelle la supplication est adressée et les risques encourus par elle si elle prend parti pour le suppliant contre l'agresseur extérieur.

Nous examinons ici deux cas différents de supplication qui reflètent des conceptions elles-mêmes différentes des rapports entre les obligations religieuses et la sphère politique.

Les Suppliantes *d'Eschyle*

Cette tragédie d'Eschyle a longtemps souffert d'un préjugé : comme les chœurs y occupent une grande place, la critique a cru que l'œuvre appartenait au début de la carrière d'Eschyle. En effet, les hellénistes ont vécu sur une illusion, ou plutôt sur un mythe : ils pensaient que le début du genre tragique devait nécessairement être proche du chant qui était alors envisagé comme l'art originel et « primitif ». Mais des découvertes survenues dans la deuxième partie du XXe siècle ont pu établir que *les Suppliantes* datent probablement de 463, c'est-à-dire de la fin de la vie d'Eschyle – qui mourut sans doute en 456. Nous allons voir avec quel bonheur Eschyle arrive à concilier les impératifs d'ordre politique et les devoirs imposés par la supplication.

Dans cette pièce, le rôle du suppliant est tenu par le chœur qui est composé des cinquante filles de Danaos. Qui sont-elles ? Ce sont des jeunes femmes venues d'Égypte sous la conduite de leur père, car elles fuient leurs cousins germains, les fils d'Égyptos qui désirent les épouser. Les Danaïdes veulent obtenir la protection d'Argos, la ville grecque dont leur ancêtre Io est originaire; deux figures se partagent le pouvoir à Argos : il s'agit du roi, Pélasgos et du peuple de la cité. Enfin, il est facile de comprendre que le camp opposé aux suppliantes est celui des fils d'Égyptos, qu'un héraut représente sur la scène.

Le délicat statut juridique des Danaïdes

Une telle intrigue pose un certain nombre de problèmes juridiques typiquement grecs. Celui qui, de prime abord, peut le plus déconcerter le lecteur moderne d'Eschyle est sans doute le mariage entre cousins germains. Nous avons tendance à y voir une forme d'inceste à peine moins grave que l'union entre membres de la même fratrie; mais en Grèce, à Athènes en tout cas, la chose est perçue très différemment. Danaos est un homme qui n'a eu que des filles et pas de fils; dans ce cas, la loi athénienne [1] prévoit que les parents mâles les plus proches de ce père sans fils peuvent revendiquer à sa mort le patrimoine laissé par le défunt, pour éviter que les biens sortent du cadre familial. La loi stipule que ce sont les parents du côté paternel qui ont priorité; pour obtenir ces

1. Pour avoir une description complète du processus juridique, voir le livre essentiel sur les lois athéniennes d'Harrison, pp. 10-11 ou encore pp. 132 *sqq.*

biens, ils épousent la ou les filles du défunt que l'on appelle alors des épiclères. La revendication se dit dans ce cas en grec *epidikasia*. Ce point a une grande importance, car il n'est pas l'objet d'un consensus. En effet, les Danaïdes n'en reconnaissent pas la légitimité. Dès le début de la tragédie, elles accablent de malédictions leurs cousins et espérent « qu'ils périssent avant d'avoir, malgré la justice divine qui le défend, asservi les nièces d'un père, en montant dans des lits qui ne le veulent pas ! » [1]. Un peu plus loin, aux vers 77-78, les Danaïdes invoquent les dieux en les priant d'exaucer leurs vœux « en voyant où est le droit ». Bien évidemment, il est de leur côté, car elles se présentent comme les victimes du désir sexuel de leurs cousins.

Les inclinations des jeunes filles sont une chose, mais Eschyle suggère ailleurs que le droit en est une autre. Deux passages nous mettent sur la voie d'une contestation possible et légitime que pourraient formuler les Égyptiades. D'abord, il s'agit des paroles que Danaos adresse à ses filles avant de quitter la scène pour aller chercher du secours. En effet, les Danaïdes se sont aperçues de l'arrivée de leurs cousins et elles redoutent un enlèvement ; Danaos part alors pour Argos requérir l'intervention de la force de protection argienne. Au moment de les quitter, il cherche à rassurer ses filles en proie à la crainte et à l'angoisse ; il leur dit : « Moi, je vais aller vous chercher des défenseurs et des avocats, car il se pourrait qu'un héraut ou une ambassade survienne ici avec le désir de vous emmener par droit de reprise. Mais rien de tel

1. Vers 37-40.

n'aura lieu, ne le redoutez pas [1]. » Ce passage offre une difficulté insigne au traducteur, car il est confronté au vers 728 à une expression grecque qui ne peut être comprise que par rapport à l'ensemble de la pièce, et peut-être à la totalité de cette trilogie maintenant dépareillée [2]. Le problème est d'abord juridique, car le mot *ephaptores* désigne ceux qui revendiquent la possession d'un bien qui est pourtant détenu par un autre, et la somme monumentale des *Lois* de Platon aborde ce problème au livre XII [3]. Le philosophe emploie alors un verbe tiré de la même racine que le substantif *ephaptores*. Dans le cas qui intéresse Eschyle, le point de droit soulevé ici est le suivant : les Égyptiades peuvent se prétendre les légitimes possesseurs de leurs cousines, ce qui entraînera une procédure. Deux issues sont possibles dans une semblable affaire, nous explique l'historien du droit attique Harrison [4] : soit celui qui détient l'autorité sur l'objet du litige – en l'occurrence le roi Pélasgos – le remet au plaignant, et cela revient à reconnaître qu'il y a eu vol ; soit il y a refus de cession, et là encore il y a deux possibilités : soit le détenteur adresse le plaignant à celui qui est supposé lui avoir vendu le bien soit ce même détenteur décide de faire valoir ses droits en déclarant qu'ils sont mieux fondés que ceux du plaignant. Ce dernier acte est désigné dans la langue juridique par le verbe *automacheïn*, dont le sens propre est « se battre pour son propre compte ».

1. Vers 726-729.
2. *Les Suppliantes* étaient en effet la première des trois pièces d'une trilogie.
3. *Lois* XII, 915c8-d6.
4. *Op. cit.*, pp. 210-214.

Ce détour par la procédure en vigueur chez les Grecs est nécessaire pour comprendre les liens entre le droit et l'action tragique des *Suppliantes*. En effet, il est possible de transposer sur la scène les litiges réglés devant le tribunal. Le « bien » revendiqué, ce sont les filles de Danaos. On remarque en passant que les Égyptiades sont présentés comme des hommes cruels, puisqu'ils veulent engager une procédure dans laquelle il s'agit d'habitude de contester la propriété « d'un animal ou de quelque autre propriété » [1], comme le dit Platon dans le texte des *Lois* cité plus haut ! Il est ensuite facile d'identifier les Égyptiades à des plaignants.

C'est là qu'il faut se souvenir d'un second passage dans lequel le héraut promet aux jeunes femmes l'application de terribles supplices. Les premiers mots qu'il prononce sur scène sont : « En route ! en route vers la galiote, de toute la vitesse de vos jambes ! Ou alors on verra des cheveux arrachés, oui, arrachés, des corps marqués au fer, des têtes coupées, d'où gicle à flots le sang du massacre. En route, en route... » [2] Mazon [3] remarque à juste titre que le héraut « veut dire qu'elles seront traitées comme des esclaves fugitifs, que l'on marque au fer rouge. Cela semble indiquer que les Égyptiades prétendent avoir des droits souverains sur les Danaïdes ». Et de fait, à Athènes, on marquait au fer rouge les esclaves dont le caractère n'était pas assez docile ; pour les Égyptiades, ces femmes sont des biens matériels sur lesquels toute

1. *Lois* XII, 915c8.
2. Vers 836-842.
3. C.U.F., p. 43.

l'autorité peut s'abattre sous sa forme la plus violente. Eschyle montre ainsi au début de sa trilogie les rapports exécrables entre les hommes et les femmes, puisque les Égyptiades ne font guère de différence entre les épiclères et un objet ou un animal ou encore un esclave. Les droits qu'ils revendiquent sur les filles de Danaos leur permettent de recourir selon eux à toute forme de violence car ils sont leurs maîtres.

Argos, cité délibérante

Il faut à présent déterminer quel rôle Eschyle a donné à la cité d'Argos dans la tragédie. La fonction de cette cité est un point assez complexe et il serait vain de vouloir faire correspondre très précisément cette fonction avec la place occupée par le « détenteur » dans une affaire de revendication de biens. Argos ne « possède » pas les Danaïdes, et leurs relations ne sont pas celles d'un maître et d'un esclave ou encore d'un propriétaire et de son objet. Le propre d'Argos, c'est d'agréer la supplication formulée par les Danaïdes dont « les rameaux suppliants sont déposés suivant le rite aux pieds des dieux de la cité », comme le remarque le roi Pélasgos dès son arrivée sur scène [1]. Tout un segment de la tragédie qui va du vers 234 au vers 709 est justement consacré à la reconnaissance de la part d'Argos du statut de suppliantes qui est celui des Danaïdes. Cet acte ne va pas de soi. En effet, les jeunes filles réclament de ne pas être les « esclaves des fils d'Égyptos » [2] ; mais le roi ne veut pas tran-

1. Vers 241-242.
2. Vers 334.

cher un conflit entre les femmes et leurs parents sans être plus amplement informé ; c'est le sens de la stichomythie* entre le coryphée* et Pélasgos :

> « Pélasgos – Mots terribles ! soulever une guerre incertaine !
> Le coryphée – La justice combat avec qui la défend.
> Pélasgos – Oui, si du premier jour elle fut avec vous [1]. »

Le roi est prudent et il semble conscient de la situation juridique des Danaïdes qui n'est pas sans laisser des droits aux fils d'Égyptos : cette « guerre » est donc « incertaine » parce qu'elle n'a pas forcément le droit pour elle. Pélasgos fait évidemment allusion à l'*epidikasia* et, un peu plus loin, lorsque les Danaïdes se font plus pressantes, il dit tout de go : « Si les fils d'Égyptos ont pouvoir sur toi, de par la loi de ton pays, dès lors qu'ils se déclarent tes plus proches parents, qui pourrait s'opposer à eux ? Il te faut, toi, plaider que les lois de chez vous ne leur donnent point sur toi autorité [2]. » La référence à la « loi » [3] est bien sûr une référence à la loi grecque : Eschyle ne cherche pas à nous donner connaissance des usages en cours dans la *vraie* Égypte. Le problème central est la revendication portant sur les filles épiclères, et le roi est ici un avocat qui plaide par avance la cause des Egyptiades. Et les Danaïdes ont beau répéter que le roi doit « être l'allié de la justice » au vers 395, la

1. Vers 341-343.
2. Vers 387-391.
3. Vers 388 et 390.

situation n'évolue pas pour autant : l'acte du jugement n'est pas aisé et le texte d'Eschyle est très clair là-dessus, puisque Pélasgos est le premier à dire : « Le litige n'est pas facile à juger [1]. »

Ce moment de la tragédie est celui de la décision, celui où Pélasgos doit juger la cause qui lui paraît la plus juste. Ce roi incertain indique le dilemme auquel il est confronté :

« Oui, j'ai besoin d'une pensée profonde qui nous sauve, et que, tel un plongeur, descende dans l'abîme un clair regard, où le vin n'ait pas mis son trouble, afin que l'affaire d'abord ne crée point de maux à notre cité, pour moi-même ensuite se termine au mieux; je veux dire : afin qu'Argos échappe aux atteintes d'une guerre de représailles; et afin que moi-même, je n'aille pas, en vous livrant assises comme vous l'êtes aux autels de nos dieux, m'attacher pour rude compagnon le dieu de la ruine, le génie vengeur qui, même dans l'Hadès [2], ne lâche point le mort. Dites, n'ai-je pas besoin d'une pensée qui sauve [3] ? »

Quel que soit le choix opéré par le roi, il aura des conséquences néfastes : ou bien la guerre contre les Égyptiades ou bien la vengeance qui poursuivra Pélasgos. En effet, les Grecs de l'époque d'Eschyle croient au « génie vengeur » [4] d'un mort qui, parce qu'il n'a pas obtenu réparation, poursuit de sa haine *post mortem* ceux qui auraient dû lui faire justice. Comme le soutiennent les plaignants

1. Vers 397.
2. Aux Enfers.
3. Vers 407-417.
4. Vers 415.

du premier discours de la *Troisième Tétralogie* d'Antiphon [1], ne pas obtenir la condamnation des vrais meurtriers, c'est-à-dire ne pas obtenir que justice soit rendue, suscite « un démon redoutable, le fantôme du mort » [2] qui persécutera les plaignants inefficaces.

Eschyle met en scène la délibération du juge-roi ; les Danaïdes lui rappellent une nouvelle fois que la justice revient à respecter la loi religieuse, dont le garant est Zeus, comme elles le proclament au vers 437. Elles accompagnent cette déclaration de ces mots : « Réfléchis bien ! » Le moment du choix est donc dramatique dans tous les sens de ce mot, et la temporalité de la scène composée par Eschyle trouve son rythme propre dans le temps que met le roi à se décider. Et ce temps est long, la scène dure : les Danaïdes font un chantage au suicide en menaçant de se pendre aux statues des dieux si elles n'obtiennent pas gain de cause. Cela conduit Pélasgos à redire son incertitude, avant de trancher enfin en faveur des suppliantes : « Et pourtant je suis contraint de respecter le courroux de Zeus Suppliant : il n'est pas pour les mortels de plus haut objet d'effroi [3]. » Les Danaïdes disaient déjà : « Le courroux de Zeus Suppliant attend tous ceux qui restent insensibles aux plaintes de qui souffre [4]. » Le patronage de Zeus est requis dès le

1. Antiphon, qui vécut de 480 à 411, est l'auteur de trois tétralogies : ce sont des discours qui, relativement à la même affaire, donnent le point de vue du demandeur et de l'accusé. Au premier discours à charge répond un discours de défense ; à ce dernier, succède un nouveau plaidoyer d'accusation, et la tétralogie s'achève sur le quatrième discours qui est une réponse de l'accusé.

2. Chapitre 4.

3. Vers 478-479.

4. Vers 385-386. *Cf.* aussi le vers 346 : « Il est terrible le courroux de Zeus Suppliant ! »

vers 1 de la tragédie qui s'ouvre sur une invocation à « Zeus Suppliant ».

Mais, sous la similitude du contenu et des expressions, il y a une différence qu'il faut prendre en compte : les Danaïdes invoquent dans leurs chants Zeus Suppliant alors que Pélasgos exprime son respect pour ce dieu dans le vers le plus « prosaïque » de la tragédie [1]. Autrement dit, ce qui n'était encore que des effusions dictées par l'angoisse et la crainte des Égyptiades, des désirs formulés par les Danaïdes dans des strophes lyriques est maintenant devenu la matière d'une décision prise après une délibération. L'existence de la justice cesse d'être un vœu pieux et s'inscrit dans la conduite politique de la cité d'Argos. Pélasgos est conscient des risques, et il fait souvent allusion à une possible guerre contre les Égyptiades [2]. Le héraut que ces derniers envoient en parle lui aussi aux vers 934 à 937 et 950-951 ; il est d'ailleurs question pour l'Égyptien de décrire le conflit à venir comme « une guerre incertaine » [3]. Le spectateur d'Eschyle pense alors aux paroles de Pélasgos lui-même que nous avons déjà citées, au vers 341, et qui sont identiques. Eschyle se sert de la reprise de cette même formule pour nous montrer l'évolution de la situation : ce n'est plus le roi Pélasgos qui hésite mais c'est le héraut qui cherche à entamer la résolution du souverain.

Que s'est-il donc passé ? Certes Pélasgos s'est rendu à des raisons religieuses fondées sur l'autorité suprême de Zeus, le protecteur des faibles et

1. C'est-à-dire le trimètre iambique.
2. Par exemple les vers 377, 412, 439 et 474-477.
3. Vers 950.

des opprimés. Mais Eschyle a également mis en place un double dispositif de délibération. Le premier a lieu devant nos yeux : c'est la décision de Pélasgos qui tranche en faveur des Danaïdes. Le second a lieu hors de la scène, ce qui ne veut pas dire qu'il soit moins important. Il s'agit de la décision du peuple d'Argos concernant la supplication des Danaïdes. À propos de la place que le peuple occupe, le grand helléniste Winnington-Ingram a écrit que « l'on peut penser que ce thème est souligné de façon disproportionnée » [1]. Son raisonnement est le suivant : Eschyle accorde de l'importance au « peuple » dans cette pièce par anticipation ; selon lui, le roi Pélasgos devait mourir lors d'un combat contre les Égyptiades et Danaos devait lui succéder. Ensuite, ce dernier poussait ses filles à tuer pendant la nuit de noces leurs jeunes maris, les Égyptiades, ce qui entraînait les habitants d'Argos à déposer Danaos en raison de l'horreur du crime qu'il avait poussé ses filles à commettre. Du coup Eschyle, selon Winnington-Ingram, prépare cette péripétie en peignant les Argiens comme un peuple difficile à gouverner.

Mais il est également possible qu'Eschyle ait voulu montrer son attachement à des procédures juridiques liées à l'exercice de la démocratie athénienne. Dans un excellent article consacré aux rapports de la cité et du monarque dans la tragédie grecque, A. Podlecki écrit à propos des *Suppliantes* d'Eschyle que « Pélasgos n'est pas tant le souverain absolu [...] que quelque chose de semblable à un *dèmagôgos* au sens technique du terme, un

1. Winnington-Ingram, 1961, p. 148. C'est nous qui traduisons le texte anglais.

dirigeant politique qui doit faire accepter ses idées en recourant à une rhétorique dans laquelle la persuasion a tout pouvoir [1]. » Cette opinion s'appuie sur l'examen de certaines formules éclairantes du texte d'Eschyle. Elle ne saurait être rejetée parce que le roi déclare au vers 485 que « la foule aime à chercher des raisons à qui commande ». Ce serait en effet ne pas tenir compte du reste de la tragédie dans laquelle le peuple joue un rôle positif et non pas critique. Il est conçu par Eschyle comme le corps politique délibérant. Comme Pélasgos, il est accessible à la pitié inspirée par le malheur des suppliantes ; loin d'être pareil à une foule d'hommes conduits par leurs désirs individuels, le peuple argien est sensible à la persuasion, le moyen retenu de préférence par le roi pour entreprendre l'action politique : « Que la persuasion m'accompagne ! » dit Pélasgos au moment de quitter la scène au vers 523 pour aller plaider la cause des Danaïdes auprès de ses concitoyens en emmenant avec lui Danaos.

Les vers 524-599 forment un long chant dans lequel les Danaïdes rappellent le sort de Io, leur ancêtre. Il est certes nécessaire pour elles de rappeler leur généalogie avec l'ancienne habitante d'Argos au moment où cette parenté va jouer un rôle déterminant auprès du peuple qui apprendra que ces femmes sont des « concitoyennes-étrangères » comme le dit Pélasgos au vers 356 en usant ainsi d'un oxymore saisissant [2]. Mais ce chant ne

1. A. Podlecki, 1986, p. 84. C'est nous qui traduisons le texte anglais.

2. Ailleurs les Danaïdes se présentent comme des « colons » d'Argos (vers 537), c'est-à-dire comme les habitants d'un autre lieu qui ont gardé d'étroits rapports avec leur cité fondatrice, la métropole.

s'inscrit pas seulement dans la temporalité douloureuse des Danaïdes qui ne cessent au début de la pièce de raconter l'histoire d'Io, comme du reste le remarque J. de Romilly dans son étude sur le temps dans la tragédie grecque [1] ; il est aussi un moment d'une autre durée, celle de la délibération du peuple argien : il dit l'attente d'une décision capitale pour les suppliantes qui s'en remettent à Zeus. Et il revient à Danaos de leur annoncer cette décision :

> « Argos s'est prononcée d'une seule voix, et mon vieux cœur s'en est senti tout rajeuni. De ses droites levées le peuple entier a fait frémir l'éther, pour ratifier ces mots : nous aurons "la résidence en ce pays, libres et protégés contre toute reprise par un droit d'asile reconnu ; nul habitant ni étranger ne pourra nous saisir ; use-t-on de violence, tout bourgeois d'Argos qui ne nous prête aide est frappé d'atimie [2], exilé par sentence du peuple". Telle est la formule qu'a défendue notre patron, le roi des Pélasges, en invitant la cité à ne pas fournir d'aliment pour les jours à venir au terrible courroux de Zeus Suppliant et en évoquant la double souillure, à la fois nationale et étrangère [3], que la ville verrait alors venir à elle, monstre indomptable, qu'il faudrait alors nourrir de douleurs. À ces mots, les mains du peuple argien, sans attendre l'appel

1. J. de Romilly, 1971, p. 69.

2. Ce terme juridique athénien désigne la privation totale ou partielle des droits civils d'un individu. Vu l'autre peine envisagée – l'exil –, l'atimie doit être ici totale, ce qui est une peine très lourde.

3. On vient en effet de voir que les Danaïdes sont des « concitoyennes-étrangères » pour les habitants d'Argos, comme le dit le roi au vers 356.

du héraut, ont prononcé dans ce sens. La nation pélasge s'est rendue aux persuasives raisons d'une droite harangue; mais Zeus est l'auteur de la décision dernière [1]. »

La formule grecque qui commence ce texte lui donne d'office sa signification juridique et politique : on l'emploie à Athènes au début d'un décret pour signifier les volontés du Conseil ou du peuple. Et la référence au héraut (vers 621-622) rappelle la procédure dans laquelle les décisions publiques sont annoncées à Athènes par la voix du héraut. L'objet de la délibération n'a suscité aucun conflit; la décision a fait intervenir Pélasgos qui joue le rôle d'avocat de la cause des Danaïdes : il rappelle que ces dernières peuvent se transformer en démons vengeurs – nous l'avons vu plus haut, à propos du vers 415 – si leurs droits sont négligés. Et le peuple, comme son roi avant lui, se rend surtout aux raisons religieuses avancées : il redoute comme tout à l'heure « le terrible courroux de Zeus Suppliant » [2].

La cité d'Argos n'est pas dirigée par son roi seulement comme le croyaient au début les Danaïdes quand elles pressaient Pélasgos de décider tout seul de leur sort : « C'est toi, la cité; c'est toi le Conseil; chef sans contrôle, tu es le maître de l'autel, foyer commun du pays; il n'est point d'autres suffrages que les signes de ton front, d'autre sceptre que celui que tu tiens sur ton trône : toi seul décides de tout : garde-toi d'une souillure [3]. » C'est tout le groupe qui s'engage pour que le droit

1. Vers 605-624.
2. Vers 616.
3. Vers 370-375.

des suppliants soit respecté et la souillure évitée, et Eschyle insiste à plusieurs reprises sur le fait que les décisions politiques ont été l'objet d'un consensus obtenu par une participation active et directe à la délibération. Les Danaïdes chantent au vers 640 leur reconnaissance à ceux qui « ont rendu un vote de bonté ». Au héraut des Égyptiades, Pélasgos déclare sans ambages que « Par un vote unanime, le peuple argien l'a proclamé sans appel : jamais il n'abandonnera à la violence une troupe de femmes »[1]. Et après le départ de ce héraut, Pélasgos rappelle aux Danaïdes que « pour répondants [elles ont] le roi et tous les citoyens, dont s'exécute ici la décision »[2]. Ici encore l'allusion à des « répondants » ne prend tout son sens que dans le droit attique : pour toutes les affaires judiciaires dans lesquelles un étranger domicilié pouvait être impliqué tant au titre de demandeur que d'accusé il devait être représenté au tribunal par un « répondant »[3] : le mot grec courant pour le désigner est le même que celui employé ici par Eschyle. Enfin Danaos reconnaît lui aussi au vers 982 que les Argiens ont été les « sauveurs » de ses filles « de façon unanime » : c'est le même adverbe qui est utilisé ici et au vers 605 à propos de la décision des Argiens.

La cité d'Argos est donc le modèle du bon régime politique dans lequel le roi est un conseiller éclairé éclairant lui-même une assemblée de citoyens sensibles à leurs devoirs religieux.

1. Vers 942-944.
2. Vers 963-965.
3. Voir sur ce point Harrison, 1971, pp. 184-185.

L'amour comme dépassement du droit

Mais la pensée d'Eschyle, par essence dialectique, ne peut pas être comprise par référence au droit uniquement. Rappelons-nous en effet les vers 726-729 dans lesquels les Égyptiades étaient qualifiés d'*ephaptores*. Ce terme qu'Eschyle prend dans son sens juridique a encore une autre signification dans l'histoire des Danaïdes. Mot à mot est *ephaptôr* celui qui touche quelqu'un ou quelque chose, qui entre en contact physique avec un être ou un objet. Or c'est Zeus qui est qualifié ainsi aux vers 312 et 535 : dans les deux cas, il s'agit de l'histoire d'Io, l'ancêtre des Danaïdes. Le récit de ce mythe a une double fonction. D'abord il permet aux Danaïdes de montrer au roi Pélasgos qu'elles sont de descendance argienne [1] et qu'à ce titre elles doivent être secourues par lui. Mais la fonction la plus importante de ce mythe est de donner une image positive de la sexualité dans une pièce dans laquelle les Égyptiades sont perçus par les Danaïdes comme des chiens en rut [2] dont les pulsions sont constamment qualifiées par elles d'*hybris* [3]. De leur côté, les filles de Danaos n'ont pas seulement en horreur leurs cousins mais les hommes dans leur ensemble. Ainsi refusent-elles catégoriquement de devenir des mères [4], car elles veulent à tout prix échapper à « l'union sexuelle avec les hommes » [5] qu'elles ont en haine comme elles le disent au vers 331. C'est ce qui va les pousser à tuer les Égyptiades lors de la nuit de noces ; à

1. Voir sur ce point les vers 291 à 316.
2. *Cf.* le vers 758.
3. Par exemple aux vers 80, 103, 426, 487, 528, 817 et 880-881.
4. *Cf.* les vers 854-857.
5. Vers 142.

leur tour, elles vont donc commettre un acte violent. Nous suggérons ici que le récit des amours de Zeus et de Io indique dans quel sens le conflit opposant les deux sexes va être résolu. Eschyle attache une grande importance à ce mythe dont il est question dans *les Suppliantes* et le *Prométhée enchaîné*. Certains aspects de la légende varient selon la pièce : Io, une prêtresse d'Héra, la protectrice traditionnelle d'Argos, inspire un fort désir à Zeus. Dans *les Suppliantes,* le dieu s'unit à la jeune fille qui est ensuite transformée en génisse par la jalouse Héra, l'épouse de Zeus ; dans le *Prométhée,* c'est Zeus lui-même qui la métamorphose en génisse pour s'unir à elle sous la forme d'un taureau. Mais quelle que soit la variante retenue du mythe, cette union est féconde : après une fuite qui conduit Io d'Argos en Égypte, elle met au monde Épaphos dont le nom grec signifie « touché par Zeus » ou « le toucher de Zeus ». Et bien sûr le personnage qui raconte cette histoire, que ce soit le coryphée dans *les Suppliantes* aux vers 312 et 314 ou Prométhée dans la pièce qui porte son nom aux vers 848-852, ne manque pas de jouer sur l'étymologie pour rapprocher le nom d'Épaphos de la façon dont il est né. Zeus a touché Io de « sa main calmante » [1], et les Danaïdes dans un chant rappellent la bonté du dieu qui toucha Io de sa main [2], avant de célébrer de nouveau Zeus dans les derniers vers de la pièce : « C'est lui qui libéra Io, abolit sa peine d'une main guérisseuse et lui fit sentir sa douce puissance. » Ces paroles des vers 1065-1068 rappellent très précisément les vers 574-581 qui

1. *Prométhée enchaîné,* vers 849.
2. *Les Suppliantes*, vers 531-535.

forment un autre récit de la naissance d'Épaphos « due à la force aux douceurs puissantes » [1] de Zeus.

Le rappel du passé sert à annoncer la seule solution qui vaille pour l'avenir : le conflit des Égyptiades et des Danaïdes ne saurait se régler juridiquement, vu que les deux partis ont de légitimes griefs et des droits bien établis à faire valoir l'un contre l'autre. La solution provient de la reconnaissance réciproque qui pousse chacun à s'unir à l'autre dans un amour partagé, exactement comme le firent jadis Zeus et Io. Dans la douce intimité de la sexualité génératrice de vie et dans sa force irrésistible réside la solution et, à la fin de la trilogie, Eschyle faisait apparaître Aphrodite elle-même, sans doute pour justifier le choix d'Hypermestre. Celle-ci est la seule des Danaïdes à avoir épargné son mari lors de leur nuit de noces, soit qu'elle désirât avoir des enfants soit qu'elle fût tout simplement très amoureuse de Lyncée, son époux [2]. La solution ne saurait donc provenir d'une revendication au sens où les Égyptiades l'entendent dans *les Suppliantes* : n'est vraiment un *ephaptôr* que celui qui désire et est désiré en

1. Vers 576.

2. La raison reste équivoque; en effet quand Prométhée annonce à Io que sa descendante Hypermestre sera la seule parmi ses sœurs à épargner l'époux, il emploie une formule ambiguë en grec au vers 865 qui peut se traduire de deux façons : « Le désir charmera une seule des enfants de Danaos et l'empêchera de tuer le compagnon de son lit » ou bien « Le désir d'enfants charmera une seule parmi elles et l'empêchera de tuer son compagnon de lit ». La traduction que l'on retient dépend du traducteur et de sa conception du rôle assumé par la femme dans le mariage. Mazon, opte pour une Hypermestre hantée par le désir d'enfants : elle « a agi par désir d'être mère », écrit-il page 8. Cette interprétation n'engage bien sûr quc lui.

retour. Comme le dit Aphrodite dans un fragment conservé de la fin de la trilogie :

> « Le Ciel sacré sent le désir de pénétrer la Terre, un désir prend la Terre de jouir de l'hymen : la pluie, du Ciel époux, descend comme un baiser vers la Terre, et la voilà qui enfante aux mortels les troupeaux qui vont paissant et le fruit de vie de Déméter [1], cependant que la frondaison printanière s'achève sous la rosée d'hymen – et de tout cela la cause première, c'est moi. »

Le désir régit l'univers et ses œuvres vives sont utiles aux mortels en leur donnant du plaisir et de la nourriture.

Il est donc clair que la question juridique si épineuse de la supplication et de l'épiclérat dans *les Suppliantes* trouve son prolongement et sa solution dans la pensée dialectique d'Eschyle par le biais du mythe et de sa relation avec l'intrigue.

Les Suppliantes *d'Euripide*

La pièce d'Euripide porte le même titre que celle d'Eschyle sans pour autant parler de la même chose. Elle décrit les conséquences de la guerre fratricide menée par Étéocle et Polynice ; l'on sait que les sept chefs de l'armée des assaillants sont tombés devant Thèbes, et que les habitants de cette cité n'ont pas voulu restituer les corps à Adraste, le beau-père de Polynice. Adraste et les mères des sept généraux se rendent alors à Athènes pour obtenir le concours du roi Thésée en le priant de récupérer les corps.

1. C'est-à-dire le blé.

La tragédie date assez probablement de 423, soit deux ans avant l'« armistice » signé par Athènes et Sparte en guerre depuis 431 et que l'on appelle traditionnellement la « paix de Nicias » qui fut l'un des signataires du traité pour Athènes. Dans l'Antiquité, on qualifiait déjà ce texte d'« éloge des Athéniens », comme l'écrivait Stéphane de Byzance, l'auteur du choix des tragédies qui nous sont parvenues. Mais rien n'est moins sûr, car l'arbitrage d'Athènes est assez problématique. *Les Suppliantes* nous montrent un univers dans lequel le droit du sacré est en net recul ; il laisse la place à une forme de pragmatisme politique, puisque Thésée accepte d'agréer la supplication parce qu'il trouve là une occasion de manifester le pouvoir athénien. Le point de référence du roi n'est plus la crainte du Zeus des Suppliants mais celle des États voisins toujours à l'affût des signes de faiblesse d'une Athènes condamnée à rayonner si elle veut garder son hégémonie. Avec cette tragédie, on n'est plus dans le monde d'Eschyle mais dans celui de Thucydide.

La difficile reconnaissance d'un droit des faibles

D'abord Euripide n'aborde pas frontalement, comme le faisait Eschyle, la question de la délibération posée par l'existence d'une supplication. En effet, le prologue met en scène les mères éplorées tout de noir vêtues et un Adraste complètement muet et abîmé dans une attitude de prostration totale [1] : les vieilles femmes se tiennent en cercle

1. *Cf.* vers 21-22 : « Adraste est là prostré, qui gémit et déplore la guerre qu'il a faite. » Plus loin, Thésée nous apprend qu'Adraste tient sa tête cachée sous son manteau sans cesser de gémir (vers 110-111). Ce geste est, chez les Grecs, l'une des manifestations du désespoir.

autour d'Æthra, la mère de Thésée venue à Éleusis honorer les déesses du lieu, Perséphone et Déméter. Elles portent des rameaux suppliants [1] et empêchent Æthra de quitter l'autel des deux déesses. Dans Eschyle, les Danaïdes ne cessaient de placer leurs malheurs sous le regard de Zeus, ce qui était vrai dès l'incipit de l'œuvre; ici tout est placé sous le regard d'Æthra qui est compatissante mais qui refuse de prendre le moindre engagement. Elle dit : « Je viens d'envoyer vers la ville un héraut, pour appeler ici Thésée, afin qu'il libère Éleusis de cette présence funèbre, ou qu'il rompe le lien de la supplication par un acte qu'approuvent les dieux. Les femmes qui sont sages n'agissent jamais que par l'entremise des hommes [2]. » Ce passage est révélateur d'une tension constituant la première partie de la tragédie : si Æthra déclare dès le vers 19 que les Thébains violent « la loi des dieux » en détenant les cadavres et si elle peut accorder sa sympathie sans pouvoir décider quoi que ce soit, à l'inverse Thésée a le pouvoir de décider mais ne fait preuve de nulle compassion. Æthra et les suppliantes ont en commun d'être des mères; leurs relations sont donc fondées sur la reconnaissance réciproque de leur nature féminine, ce qui est l'occasion pour le poète de composer une scène où règne une profonde compréhension entre femmes. Plus que le respect dû aux suppliants, c'est la pitié, dit Æthra aux vers 34-36, qui la pousse à prendre en considération la situation des malheureuses mères. L'accord est informel, il ne repose plus *a priori* sur l'existence d'une pratique sociale mais sur la prise de conscience d'une nature commune qui impose

1. Voir par exemple les vers 10, 32-36, 102.
2. Vers 36-41.

ses propres exigences. C'est là un moment de l'histoire de l'intériorité : l'individu ne se détermine pas par rapport à des cadres extérieurs mais par rapport à un processus d'identification où les autres et le moi trouvent un terrain commun dans une intersubjectivité fondée sur une identité de nature.

Mais avec l'arrivée de Thésée, le ton change et la façon d'envisager la supplication aussi. Autant le début de la tragédie est une affaire de femmes, autant la suite est une affaire d'hommes. Et les vers 115-161 forment véritablement un interrogatoire. C'est Thésée qui ne cesse de questionner Adraste sur les raisons de la guerre contre Thèbes. D'abord, il persifle la cité d'Argos dont la « folle jactance » [1] a cédé la place à l'humilité; ensuite, il reproche à Adraste de s'être laissé entraîner dans une guerre sans y réfléchir : c'est « l'exaltation des jeunes gens » [2], à savoir celle des gendres du roi, Polynice et Tydée, qui a eu raison de la « prudence » [3] d'Adraste. S'ajoute à cela que ce dernier a forcé la main à un devin qui lui annonçait le désastre à venir. Après cet interrogatoire qui ressemble beaucoup à l'*erôtèsis*, pratique judiciaire athénienne dans laquelle le plaignant pose des questions au défendeur en l'obligeant à répondre très brièvement pour établir sa culpabilité, vient un véritable plaidoyer à charge. L'objectif de Thésée aux vers 195 à 249 est simple : il s'agit de présenter Adraste comme un coupable de la pire espèce. Le roi d'Argos fait en effet partie de ceux qui ont l'ambition d'« être plus intelligents que les

1. Vers 127.
2. Vers 160.
3. Vers 161.

dieux » [1]. Ceux-ci, dit Thésée, ont tout fait pour rendre la vie humaine facile : ils sont les dispensateurs de ce qui rend l'existence en société possible et distincte d'une vie « confuse et bestiale » [2] avant leur intervention, comme la parole le blé, la pluie, la navigation et le commerce et les arts divinatoires. En ne se contentant pas de ces biens, Adraste n'a pas tenu compte de l'avis divin révélé par le prophète Amphiaraos ; il n'a pas non plus pensé aux conséquences de la guerre pour son peuple avec lequel il n'a pas délibéré et s'est « laissé entraîner par des jeunes gens » [3] assoiffés d'honneurs. En conséquence Thésée refuse catégoriquement d'apporter son concours à Adraste.

Une chose fait évidemment défaut à Thésée : c'est le respect de la loi divine impliquée par la supplication. En ne prenant en compte que des motifs politiques et en définissant l'activité divine comme il le fait, Thésée est l'inverse du roi Pélasgos d'Eschyle : il n'a pas à redouter le courroux du Zeus des suppliants parce qu'Adraste n'est pas un bon dirigeant et, de surcroît, il est quasiment un impie. Autrement dit, la loi divine n'est plus un impératif catégorique devant lequel rien d'autre n'a de valeur.

Mais il faudrait se garder du cliché le plus répandu selon lequel Euripide est un impie et un athée. G. Paduano, dans un long article par ailleurs contestable, développe la thèse d'une inquiétude religieuse chez l'auteur qui essaierait dans *les Suppliantes* de comprendre la nature de la divinité ; cette analyse est très séduisante parce qu'elle rend

1. Vers 218.
2. Vers 201-202.
3. Vers 232.

compte de la multiplicité des conceptions formulées à propos de la divinité. Ainsi Adraste a-t-il cru respecter l'oracle d'Apollon en donnant ses filles en mariage à Polynice et Tydée : en les voyant se battre comme des bêtes pour obtenir un lit et de la nourriture Adraste crut reconnaître dans ces deux vagabonds le lion et le sanglier auxquels, d'après l'oracle, il devait marier ses filles. Dès lors, Adraste n'est pas un impie ; il est un homme qui interprète comme il le peut un oracle obscur, ce qui l'amène à aller ensuite contre la volonté des dieux sans avoir la possibilité de reculer du moment qu'il a contracté une alliance avec Polynice. Dès lors, il faut admettre une autre conception de la mantique à côté de celle retenue par Thésée pour lequel les signes divins sont toujours clairs ou susceptibles d'être interprétés sans équivoque ; cette autre conception fait une place au doute et à la perplexité devant l'opacité de la parole divine qui requiert en dernière analyse le risque d'une interprétation dont rien ne garantit la vérité ou l'erreur.

Cela suppose un autre rapport à la divinité, et les paroles d'Adraste en réponse à l'accusation de Thésée sont éclairantes de ce point de vue : « Dans mon malheur, je vins ici, seigneur, non vers un juge pour être puni et blâmé de mes erreurs, mais vers un médecin, et pour obtenir ton secours [1]. » Plus qu'un mouvement d'humeur, ces paroles laissent entendre que Thésée ne saurait jouir de la position confortable du tiers, le juge, qui assigne aux coupables leur part de responsabilité au nom d'une loi connue de lui seul. Le suppliant n'attend pas non plus une application stricte de la loi divine en tant qu'elle est dictée par le seul respect de

1. Vers 253-256.

Zeus : il en appelle plutôt à la pitié de Thésée dès le vers 168. Celle-ci doit naître du spectacle d'une double déchéance, celle d'un roi aux cheveux blancs « heureux auparavant » [1], celle des mères éplorées. Adraste suggère ainsi à Thésée que les choses humaines sont soumises à la fortune qui peut retourner le sort de chacun à son gré.

Le droit détourné à des fins politiques

Devant les refus répétés de Thésée dont la pitié est toujours sollicitée en vain [2], c'est Æthra qui intervient en faveur des suppliants du vers 297 au vers 331. Elle commence par rappeler que le comportement des Thébains qui refusent de rendre les cadavres contrevient aux « règles coutumières reçues dans toute la Grèce » [3] : Athènes va donc mener une guerre juste. Mais Euripide ne fait pas ici un « éloge d'Athènes » ; la cité représentée sur la scène n'est pas éprise uniquement de justice. En effet, Æthra insiste surtout sur un autre point :

> « Qui en effet tient debout nos cités ? Celui qui ose être le champion de la loi en danger. Sache-le : on dira que c'est par faiblesse ou par peur, quand tu pouvais remporter pour Athènes la couronne de gloire, que tu t'es dérobé. Le sanglier sauvage, dira-t-on, tu l'as bien terrassé, exploit sans grandeur, mais pour braver le casque et la lance tendue en un rude duel, tu t'es révélé lâche. Toi qui es de

1. Vers 166.
2. *Cf.* les vers 194, 280 et 290 par exemple.
3. C'est ainsi que nous traduisons le vers 311, alors que M. Delcourt opte pour les « lois ». Le mot grec indique plutôt les usages qui ont force de loi.

mon sang, n'agis pas de la sorte. Vois ta patrie, raillée pour sa légèreté, comme elle sait se redresser, fixer sur les railleurs un regard dont ils tremblent. Les exploits la grandissent. Les cités timides, qui vivent dans l'ombre, n'ont que de l'ombre aussi dans leurs regards prudents. Va, mon fils, au secours de ces morts, et de ces femmes en détresse. Je ne crains pas pour toi : tu pars pour une guerre juste, et quand je vois les Thébains victorieux risquer un nouveau coup de dés, je suis pleine de confiance. Dieu se plaît à tout renverser [1]. »

Æthra s'exprime comme Périclès dans le dernier discours qu'il tient devant les Athéniens avant de mourir en 429. Voici ce que Thucydide écrit :

« Ce respect que vaut à notre cité son empire et dont vous êtes si fiers, il vous faut le maintenir et ne pas fuir les fatigues de la guerre, sinon renoncer aux honneurs. [...] Cet empire, vous ne pouvez pas y renoncer, même si actuellement, par crainte et amour du repos, vous accomplissiez cet acte héroïque. Considérez-le comme la tyrannie : s'en emparer peut paraître une injustice ; y renoncer constitue un danger. Inspirer à la cité une semblable conduite, ce serait la ruiner immédiatement, en admettant même que ceux qui vous le conseilleraient pussent garder leur liberté. Le goût du repos ne peut se conserver que s'il s'unit au goût de l'action ; il ne convient pas à une cité souveraine et c'est seulement dans une cité sujette que l'on peut jouir d'un esclavage sans danger [2]. »

1. Vers 312-331.
2. Livre II de *la Guerre du Péloponnèse*, chapitre 63.

Périclès rend un hommage équivoque à la vertu qui conduirait un empire constitué à la catastrophe : les « belles âmes » sont un danger pour une cité puissante, car les principes s'accomodent mal des faits. Justice et pouvoir sont ici des réalités antagonistes, et la puissance politique d'une cité n'a d'autre loi que l'exercice de son autorité, fût-elle acquise et maintenue de façon injuste. Selon Thucydide – car c'est l'historien qui fait parler selon son projet démonstratif les orateurs de son texte –, Athènes est engagée dans une course en avant : pour cette cité, le repos c'est la fin de la puissance. C'est cela qui, en dernier lieu, justifie la lutte contre Sparte. Dans ces conditions, il est dangereux de poser la question de la légitimité d'une telle puissance politique : la comparaison avec la tyrannie montre assez que la « démocratie » athénienne, en tout cas telle que la pense Thucydide, n'a pas forcément ses racines dans le respect de la liberté et du droit. De façon un peu voilée mais parfaitement nette Thucydide, par la bouche de Périclès, suggère que la légitimité d'un pouvoir réside dans sa permanence et non dans un effort de justice.

Revenons maintenant à la tirade d'Æthra. Selon elle, Thésée est forcé d'accepter la mission que l'on attend de lui. Est-ce par piété ou par pitié ? Non ; secourir les suppliants, c'est avant tout faire parade de sa force. On comprend alors pourquoi Æthra fait une allusion à un « sanglier sauvage » [1] : il s'agit plus exactement de la laie de Crommyon, un animal d'une taille monstrueuse que Thésée a abattu pour exercer son courage et sa valeur guerrière

1. Vers 316.

comme l'écrit Plutarque [1]. À cet « exploit » [2] qui ne met en valeur que les qualités individuelles, Æthra oppose et préfère ceux qui « grandissent » la cité [3]. Cette fois, il ne s'agit pas de la gloire du seul Thésée, et, dès le début de son intervention, Æthra insiste sur l'avantage retiré par toute la collectivité si elle entreprend une action en faveur des suppliants [4]. L'occasion est belle de faire taire les détracteurs d'Athènes qui guettent des signes de faiblesse chez elle. La cité de Thésée n'est pas de celles dont le regard est plein d'ombre [5] : on retrouve là le thème thucydidéen de la cité sans puissance et peu entreprenante. La métaphore d'Euripide fonctionne comme le raisonnement de Périclès : à cité puissante regard terrible, autrement dit exercice au vu de tous de la domination et de la force ; à cité obscure regard prudent et obscur, autrement dit cité de médiocre influence sur le plan international. La puissance doit donner des signes de sa présence, sinon elle est discréditée et se comporte comme ceux qui sont modestes parce qu'ils sont forcés de l'être. À ce stade de la pensée politique en Grèce, il n'est pas encore pensable de dissocier la puissance effective de ses diverses représentations. Cela n'apparaît peut-être avec

1. *Vie de Thésée* 9.

2. Si l'on consulte la traduction de M. Delcourt, on constatera que, dans le cas de la laie de Crommyon, elle traduit par « prouesse », alors que plus bas elle rend le même mot grec par « luttes » quand il s'agit des cités. Ce changement fait perdre de vue à un lecteur qui ne sait pas le grec le parallélisme et les intentions idéologiques des propos d'Æthra.

3. Vers 323.

4. Voir le vers 293 : « Puis-je, mon fils, parler au nom de ton honneur, et de l'honneur d'Athènes ? »

5. Vers 324-325.

force qu'avec les *Vies Parallèles* dans lesquelles Plutarque fait le récit de la vie des conquérants comme Alexandre ou César qui affectent des dehors modestes et bonhommes en dépit et à cause d'un pouvoir immense.

Les droits reconnus par le pouvoir politique dans Eschyle à la sphère du sacré sont donc complètement récupérés par lui ; et ce n'est même plus Zeus qui vient à l'aide des suppliants : c'est un dieu anonyme qui « se plaît à tout renverser », comme le dit Æthra à la fin de sa tirade. Adraste et les mères des Sept auront gain de cause non pas parce qu'ils sont sous le patronage du dieu le plus fort et le plus miséricordieux mais parce que leur viennent en aide le plus puissant des Grecs et une divinité capricieuse qui brouille les affaires humaines et en renverse à son gré le cours. Une divinité ou encore la Fortune, les deux étant très souvent chez Euripide des notions interchangeables. Si Adraste était autrefois heureux, s'il est présentement malheureux, il y a des chances pour qu'il soit de nouveau heureux, suggère le texte d'Euripide.

La comparaison avec Eschyle doit être prolongée, car Euripide pose lui aussi le problème de la délibération. Comme Pélasgos quittait la scène au vers 523 en emmenant avec lui Danaos pour qu'il plaide sa cause auprès des Argiens, de même Thésée repart pour Athènes avec Adraste. Voici ses paroles au moment de quitter Éleusis :

> « J'accepte donc. J'entreprendrai de libérer ces morts, en usant d'abord de la persuasion. Si elle échoue, la lance décidera, et la faveur des dieux ne me manquera pas. Mais je désire être approuvé par l'ensemble du peuple. Il ne peut que ratifier ma décision ; mais, consulté par moi, il me suivra avec

un zèle accru. Car j'en ai fait un État souverain, où tous sont libres et ont les mêmes droits. J'emmène Adraste, qui me servira de garant, et je me rends à l'assemblée. Aussitôt que j'aurai son accord, j'appellerai la fleur de la jeunesse et je reviendrai ici [1]. »

Le conseil n'est pas ici un organe de décision élaborant son propre projet; Thésée ne fait de lui qu'une chambre d'enregistrement sans réel pouvoir. Le roi le consulte, mais la formulation même suggère que le gouvernement de la cité n'est plus pensé sur le modèle eschyléen d'un accord entre un dirigeant éclairé et le peuple dont le pouvoir de décision est effectif et reconnu par le dirigeant. Thésée fera accepter son idée non pas parce qu'il peut persuader son peuple qu'elle est la bonne, mais parce que c'est *son* idée. Reconnaître ensuite la liberté de chacun et l'égalité des droits revient à déployer un écran de fumée masquant la réalité: les Athéniens sont les sujets d'un roi et non les concitoyens d'un leader éclairé. Leur participation à la décision d'agréer la supplication est purement formelle. Nous voyons ici une charge d'Euripide contre une Athènes qui n'a de démocratique que les apparences.

Et la mise en scène même de la tragédie le confirme. Dans Eschyle, le temps de la délibération opérée par les Argiens est long: les Danaïdes attendent soixante-quinze vers avant d'être fixées sur leur sort [2]. La durée n'a pas ici qu'une valeur pathétique; elle est l'expression du temps politique

1. Vers 346-357.

2. *Cf. supra* notre analyse des vers 524-599 des *Suppliantes* d'Eschyle.

de la délibération qui répond à la scène bien visible du spectateur dans laquelle Pélasgos a lui-même pris son temps et pesé chaque argument avant de se décider. Dans Euripide, le stasimon* est très court : il n'occupe que les vers 365 à 380. Le pastiche d'Eschyle a donc un sens idéologique, comme toujours chez Euripide : à une vraie décision du peuple qui supposait de la durée correspond une décision fantoche qui ne requiert que le bref moment nécessaire à entériner la volonté du chef. Et Euripide accuse le trait quand il fait dire à Thésée : « C'est de bon gré, c'est avec joie, que la cité a pris sur elle cette charge, dès qu'elle a su ma volonté [1]. » Ce qui fait foi dans la cité de Thésée, c'est le bon plaisir du roi et non le respect des suppliants.

Dans ces conditions, il est difficile de croire à la pertinence des arguments avancés par Thésée dans la plus célèbre scène de cette tragédie qui oppose le roi à un héraut envoyé par Créon, le souverain de Thèbes [2]. Nous faisons notamment allusion aux vers 438-439, c'est-à-dire au passage dans lequel Thésée déclare qu'à Athènes tout un chacun peut présenter « quelque projet pour le bien de l'État », ce qui est selon le roi la définition même de la liberté. Le seul à prendre une décision effective dans le cours de l'action est Thésée, et la présence du peuple si affirmée dans les déclarations de Thésée, cet « anti-tyran », pour reprendre la belle formule de D. Lanza [3], nous semble démentie par l'évolution de l'intrigue. Les Athéniens ratifient

1. Vers 393-394.

2. Voir les pages éclairantes et précises de D. Lanza sur ce point : *op. cit.*, pp. 109-121.

3. *Op. cit.*, p. 120.

sans décider vraiment. Il nous semble possible qu'Euripide ait voulu montrer le fonctionnement défectueux de la démocratie athénienne de son temps, dans laquelle le peuple était à la merci d'un orateur habile qui finissait grâce à la persuasion par obtenir tout ce qu'il voulait.

Juger, une prérogative du peuple ?

S'il est vrai que la tragédie peut être définie comme une histoire qui attribue des responsabilités à chaque agent, il n'est pas étonnant que la scène de jugement soit récurrente dans le théâtre grec. Scène et tribunal sont pour un temps au moins confondus dans un même espace, et l'exercice du jugement mobilise mieux qu'un autre les facultés qui se rapportent à l'établissement des responsabilités. En grec, l'un des mots pour le jugement est *krisis*, c'est-à-dire la séparation assignant à chaque acte et à chaque personne sa bonne place ; le jugement, sur la scène tragique, est donc au sens fort et plein du terme une crise, un moment où la querelle éclate et exige un règlement dans le cadre de la cité et de ses lois. Constat d'une dissension naissante, d'un désordre qui menace l'espace civique, le jugement propose en même temps les modalités d'une réparation et d'une remise en ordre.

Le grand modèle de la scène de jugement est la fin de la trilogie qu'Eschyle consacre à la famille des Atrides, *les Euménides*. Dans cette pièce, Oreste est accusé du meurtre de sa mère par les Érinyes, des déesses qui poursuivent le meurtrier qui a fait couler le sang de membres de sa famille ; il est défendu par Apollon dont l'oracle lui a intimé l'ordre de faire périr Clytemnestre, parce qu'elle a perfidement assassiné son mari, le roi Agamemnon, avec la complicité de son amant Égisthe. Les deux parties recourent à l'arbitrage de la déesse Athéna [1] qui explique quelles sont ses intentions [2]. Elle accepte d'arbitrer, parce que, selon elle, des « mortels » [3] ne sauraient y parvenir ; mais par « mortels », elle entend les hommes pris individuellement, ce qui n'est nullement en contradiction avec sa décision d'établir un tribunal humain, l'Aréopage, pour trancher l'affaire d'Oreste matricide. Il est alors interrogé par les Érinyes qui tentent d'établir sa culpabilité ; le débat est âpre, Apollon, un contradicteur farouche qui défend son suppliant. Un vote a lieu, et, comme les voix des juges se partagent également, Oreste est acquitté. Le pire est alors évité pour l'unique descendant mâle de la maison d'Agamemnon ; mais les Érinyes menacent de se venger des juges athéniens en rendant stériles toutes les formes de vie et en faisant souffler un esprit de discorde qui amènera dans la cité athénienne la guerre civile. Athéna leur promet alors que les Athéniens leur rendront un culte assidu pour s'assurer leur soutien.

Ainsi, même s'il ne faut pas surévaluer le rôle arbitral joué par le tribunal humain [4], le jugement

1. Les Érinyes donnent leur accord au vers 433 et Apollon au vers 581.

2. Vers 470-489.

3. Vers 471.

4. Les juges restent anonymes, ils ne parlent pas lorsqu'ils sont sur scène. Nous savons seulement qu'ils sont « les meilleurs éléments parmi [ses] citoyens », comme le dit Athéna au vers 487. En outre, Athéna participe au vote qui, sans elle, eût condamné Oreste ; la déesse décrète au vers 753 que, dans le cas d'un vote également partagé, l'indécision profite à l'accusé.

assure avec bonheur la collaboration de la divinité et de la communauté politique. Avec l'établissement de l'Aréopage, Athéna veut que dans sa cité ne règnent « ni l'anarchie ni le despotisme » [1], et c'est justement le rôle que la déesse assigne à cet organe de justice. La pensée juridique et politique d'Eschyle est sur ce point très claire : il croit aux bienfaits d'une démocratie bonne et possible. Son raisonnement peut être comparé avec les analyses du livre III de la *Politique* d'Aristote [2] : lorsque le peuple est laissé juge, il parvient à de bonnes décisions non pas parce que chacun est vertueux mais parce que « quand les gens sont mis ensemble, de même que cela donne une sorte d'homme unique aux multiples pieds, aux multiples mains et avec beaucoup d'organes des sens, de même en est-il aussi pour les qualités éthiques et intellectuelles » [3]. Dans les deux analyses, un promoteur de justice assume un rôle primordial : dans Eschyle, il s'agit bien sûr d'Athéna, dans le texte d'Aristote, il est question de Solon qui a permis au peuple d'Athènes de désigner les magistrats et de vérifier leurs comptes [4].

Dans les deux cas, l'exercice du jugement est donné pour la preuve par excellence du régime démocratique, si l'on accepte de définir ce régime comme celui qui reconnaît au peuple un rôle au sein de la communauté. Certes, cette conception diffère de celle de nos contemporains par bien des aspects et en particulier en ceci que la démocratie

1. Vers 696.

2. *Politique* III, chapitre 11, 1281a38-b38.

3. *Idem*, 1281b6-8. La traduction est celle de P. Pellegrin dans l'édition Garnier-Flammarion.

4. *Idem*, 1281b33-34.

athénienne fait la part belle à des aristocrates dont les sentiments démocratiques ne sont pas forcément très développés : songeons à Périclès ou encore à Alcibiade, pourtant si différents mais si soucieux de se distinguer de la masse. Mais il ne faut pas oublier qu'avant le modèle athénien, la démocratie n'existe pas ! Le peuple trouve une place politique dans et par l'existence du tribunal et de l'assemblée, et Eschyle [1] comme Aristote voient là un moyen de réduire les conflits à l'intérieur de la communauté, puisque par l'exercice du jugement le peuple se voit reconnaître des prérogatives. C'est l'instauration d'un mécanisme de compensation : la masse, privée de pouvoir par manque de richesses, apporte pourtant sa contribution à la constitution d'une communauté dont la fin est le « bien vivre ensemble », comme le pense Aristote. De ce fait même, la masse n'est pas écartée de la vie politique et n'aspire pas à la révolution.

Nous allons voir que la scène de jugement pose toujours et au moins deux problèmes. Le premier est celui du régime politique : qui les juges représentent-ils ? Et ensuite la collaboration entre le promoteur de justice et la communauté est-elle toujours assumée dans l'acte du jugement ou est-elle remise en question, au prix d'une disjonction des deux plans précédemment coordonnés ?

Autrement dit, quel que soit le point de vue envisagé, peut-on toujours dire que le jugement est juste ?

1. Songeons au rôle du peuple dans les *Suppliantes*: il prend en commun avec le roi Pélasgos la décision d'agréer la supplication des Danaïdes. Dans les *Euménides* le tribunal de l'Aréopage est un garde-fou politique qui assure à la cité un régime modéré.

Antigone

Cette tragédie est l'une des plus célèbres des œuvres antiques, car elle a donné lieu à de nombreux travaux d'exégèse et à plusieurs reprises littéraires : nous pensons par exemple à la pièce d'Anouilh. C'est aussi l'une des plus difficiles à comprendre. Notre propos est d'indiquer une lecture possible en partant d'un constat : les scènes de jugement sont nombreuses dans *Antigone*. Dans cette pièce si riche, on peut choisir quelques directions. Le personnage de Créon est peut-être moins un tyran qu'un être victime d'une illusion qu'il entretient sur son propre compte ; elle l'égare et le pousse à commettre une série d'injustices. Sa grande erreur est de penser que l'art de gouverner et de légiférer ne suppose pas la concertation. Tant qu'il l'a cru et qu'il a écouté le devin, lui fait remarquer Tirésias dès son apparition sur la scène au vers 994, il a bien gouverné Thèbes. En faisant de lui-même et des seuls dieux olympiens les promoteurs de la justice, Créon a négligé les dieux infernaux et s'est coupé progressivement de tous les autres : leur liste est impressionnante. Il s'agit d'Antigone, Ismène, les habitants de Thèbes, d'Hémon, de Tirésias et même, à la fin, du chœur. En se présentant comme le magistrat unique et l'autorité suprême bien informée de l'affaire à juger, Créon a perdu à chaque fois l'occasion de s'instruire et de s'interroger sur ce qu'il sait vraiment être l'essence de la justice. Juge bien illusoire mais acharné dans sa vaine prérogative, il est à coup sûr victime de lui-même. *Antigone* comme tout le théâtre de Sophocle est une enquête sur la déception et ses fâcheuses conséquences.

L'argument de la pièce est bien connu : Antigone informe sa sœur Ismène d'une nouvelle qu'elle vient d'apprendre. Créon, le nouveau roi de Thèbes après la mort de Polynice et d'Étéocle, a proclamé par voie de héraut l'interdiction formelle d'enterrer Polynice. Créon apparaît ensuite sur la scène et énonce lui-même aux vers 162-210 cette interdiction en donnant les raisons de cet acte au chœur, qui est composé de nobles vieillards thébains.

Créon ou la soif de juger

Vient alors un premier coup de théâtre : au vers 223, apparaît l'un des gardes en faction près du cadavre honni de Polynice. L'homme a peur et déclare qu'il a failli ne pas venir. Voici alors le premier échange entre lui et Créon :

« Créon – Qu'est ce qui te donne tant d'appréhension ?

Le garde – Je veux régler mon cas d'abord. La chose, je ne l'ai pas faite. Et je n'ai pas davantage vu celui qui la faisait. Il serait tout à fait inique qu'il m'en pût arriver malheur [1]. »

Sophocle bouscule les conventions : d'habitude, un personnage qui fait office de messager ne tarde pas à donner la nouvelle motivant son apparition en scène. Ici, avant d'être un porteur de nouvelles, il est un homme qui sait que, pour Créon, il est un coupable en puissance. C'est là une manière de nous faire sentir le trouble du garde. Son premier souci est de nier toute participation directe ou indirecte à « la chose » [2] : il n'est ni coupable ni

1. Vers 237-240.
2. Vers 239.

témoin. D'office, le garde s'imagine devant son juge qui est évidemment le roi Créon. La crainte de l'inculpation est si forte que le personnage oublie de dire de quoi il pourrait être accusé ! L'acte en question est de la dernière gravité : quelqu'un a rendu les honneurs funèbres à Polynice. Dans le long récit [1] que le garde en fait, il prend de nouveau le soin de répéter que ses compagnons et lui sont « prêts à prendre en main des fers rouges, à marcher dans la flamme, à jurer les dieux » [2] pour protester de leur innocence et de leur ignorance. Envisager comme dernier recours l'ordalie suggère que les gardes sont manifestement innocents : autrement, ils n'accepteraient pas d'endurer les souffrances qui les attendent dans les épreuves de l'ordalie. D'autre part, s'en remettre à un procédé aussi extraordinaire pour établir une preuve signifie que l'affaire n'est pas claire : les gardes s'adressent à des forces surnaturelles pour décider d'un cas où rien n'est sûr. Nous voyons là le procédé de l'ironie si cher à Sophocle : le recours à la procédure magique de l'ordalie prépare la scène entre Créon et Antigone qui repose sur la pratique de l'établissement de la vérité selon les modalités du droit athénien. Mais il serait illusoire de penser qu'il y a progrès en ceci, qu'il y aurait passage de l'irrationnel au rationnel. En effet la confrontation entre l'oncle et la nièce écarte les rituels anciens de la magie sans pour autant élaborer un espace commun de monde partagé et raisonnable.

Pourtant, et dans un premier temps, Créon est persuadé de la culpabilité des gardes : dans les vers 289-314, il déclare qu'ils sont les hommes de main

1. Vers 249-277.
2. Vers 264-265.

d'opposants à son pouvoir qui restent anonymes. Ils ont promis à la soldatesque de l'argent, ce fléau qui « a montré aux hommes comment tricher et faire preuve d'impiété dans tous les domaines » [1]. Le châtiment qu'il réserve aux gardes est infâmant : il veut les faire pendre encore vivants pour obtenir des aveux. Avant de quitter la scène, le garde a beau répéter qu'il est innocent, Créon ne veut rien entendre au « bavardage » [2] de cet homme. Sophocle nous montre donc une étrange scène dans laquelle le juge se trompe de coupable : l'erreur de Créon tient au fait que, pour lui, les êtres humains sont prêts à tout pour de l'argent, même à risquer la mort comme il le dit au chœur un instant avant l'arrivée sur scène du garde, aux vers 221-222 [3].

Le second coup de théâtre tient évidemment à la découverte du vrai coupable, Antigone. Sophocle indique clairement que la scène qui va suivre sera une scène de jugement. Tout heureux d'échapper à la male mort, le garde désigne immédiatement la coupable (« La voilà, la coupable ! Nous l'avons prise en train d'enterrer le mort », dit-il [4]). Les indices sont nombreux. En la remettant à la discrétion du roi, il ajoute : « À toi maintenant d'agir à ta guise, roi. Prends la fille, juge-la et confonds-la. Me voici, moi, libéré et, de plein droit, mis hors de cause [5]. » Au faux coupable se substitue le vrai : telle est l'opinion du garde ; et c'est aussi celle de Créon qui, en le congédiant, tient ces propos : « Va

1. C'est nous qui traduisons les vers 300-301.

2. Vers 320.

3. Créon le répète aussi à la fin de la scène avec le garde, aux vers 324-326.

4. Vers 384-385.

5. Vers 398-400.

donc où tu voudras, libéré d'une lourde charge. Et toi, maintenant, réponds-moi sans phrases, d'un mot. Connaissais-tu la défense que j'avais fait proclamer [1] ? » La tournure grecque est absolument symétrique : Créon ne s'intéresse plus au garde car il commence l'interrogatoire, et il s'adresse à chacun des deux personnages en les apostrophant de la même manière (mot à mot : « Toi, de ton côté... et toi, du tien »). Un autre élément est redoublé : il s'agit précisément de la présence d'abord dans le récit du garde et ensuite sur la scène de la procédure établissant la culpabilité d'Antigone. Le garde le rapporte dans la narration : après avoir appréhendé la jeune fille : « Nous l'interrogeons sur ce qu'elle a fait hier et aujourd'hui. Elle ne nie rien [2]. » Deux brefs échanges entre Antigone et Créon le confirment. Au vers 448, elle répond qu'elle connaissait la défense que le roi avait fait proclamer; et, dès le vers 443, elle déclare ne pas nier les faits : elle emploie alors la même expression qu'au moment de son arrestation.

Mais il serait illusoire de croire qu'avec les aveux d'Antigone la cause est entendue. La scène de jugement qui s'est mise en place sans ambiguïté bascule. En effet, Antigone passe à l'attaque : d'accusée, elle ne tarde pas à remettre en cause l'interdiction de Créon. Au roi qui l'accuse de « passer outre à [ses] lois » [3], elle rétorque en lui reprochant d'« enfreindre » [4] « les lois non écrites des dieux » [5] qui commandent que l'on enterre les morts. Ce conflit de normes est bien connu : Antigone agit

1. Vers 444-447.
2. Vers 434-435.
3. Vers 449.
4. Vers 455.
5. Vers 454.

au nom de principes religieux qui la contraignent à honorer les êtres de son sang ; Créon agit au nom de la cité : les ennemis de Thèbes sont aussi ses ennemis, qu'ils soient vivants ou morts comme Polynice. On sait bien que Hegel voit là un exemple parlant de ce qu'il nomme « le conflit des puissances morales, également fondées en droit » [1].

Cette conception, qui n'est peut-être pas la bonne, a pourtant l'avantage d'éclairer les intentions de Sophocle. Antigone donne sa propre interprétation de la thèse de Créon : au vers 470, elle le traite carrément de fou, alors que c'est lui qui l'accuse de folie [2] ! Elle le fait bien sûr au nom d'une éthique se réclamant de Zeus et de la Justice siégeant auprès des dieux du monde des morts [3] : ces principes sont imprescriptibles et prévalent sur tout le reste. C'est en leur nom qu'elle juge à son tour Créon. À cela s'ajoute une critique de son pouvoir très nettement formulée : « Mais c'est – entre beaucoup d'autres – l'avantage de la tyrannie qu'elle a le droit de dire et de faire absolument ce qu'elle veut [4]. »

Est-ce là une condamnation de la tyrannie en tant que régime fondamentalement mauvais parce qu'il n'y a nul organe de contrôle à même de restreindre la volonté du tyran ? Peut-être ; et c'est sur ce passage et ceux du même genre que D. Lanza s'appuie pour montrer que Créon est un tyran [5]. Mais à côté de cette lecture il en existe au moins

1. *Esthétique* III, 2e partie, p. 263 dans l'édition de Jankélévitch.
2. Plus loin, Créon traite explicitement Antigone et Ismène de folles aux vers 561-562.
3. Vers 450-451.
4. Vers 506-507.
5. D. Lanza, pp. 163-169 notamment.

une autre [1] qui refuse de définir Créon comme un archétype de tyran : il est alors le représentant sur scène du pouvoir absolu sans connotation péjorative, autre sens – et celui-là plus du tout familier à nos oreilles contemporaines – du mot grec *turannos*. Il n'est pas facile de trancher ; mais l'on peut noter que Créon dicte sa loi et ne consulte personne avant de le faire. En effet, ce personnage se présente comme le parfait exemple du dirigeant « versé dans l'art de gouverner et de légiférer » [2]. C'est surtout sur ce point que Sophocle a voulu insister selon nous. Antigone apporte un démenti aux prétentions de Créon : elle lui fait ainsi remarquer au vers 521 que ce qu'il tient pour juste dans le cadre de la cité – ne pas enterrer un ennemi public – est impie en regard des lois en cours dans le royaume des morts.

Dès lors, il ne faut plus se contenter d'isoler ce passage si célèbre de la tragédie ; il n'est qu'un moment qui en prépare d'autres. En un mot, Sophocle n'a pas tant voulu opposer les règles politiques de Créon au souci religieux d'une Antigone attentive au seul cadre idéologique de la famille que montrer les dangers et les insuffisances du pouvoir politique coupé d'un dialogue avec l'autre, quel que soit cet autre.

La métamorphose douloureuse du juge

La question posée par *Antigone* n'est alors plus tant la question de la tyrannie que du réel savoir

1. Elle est exprimée avec courage et force par V. Di Benedetto dans son ouvrage sur Sophocle qui n'est malheureusement pas traduit en français.

2. C'est nous qui proposons de traduire ainsi le vers 177.

politique. Celui-ci, nous dit inlassablement Sophocle scène après scène, n'est réel et fécond que dans la rencontre avec l'autre. Antigone ne veut pas plus que Créon que cette rencontre ait lieu : elle déclare qu'elle n'a pas plus envie que le roi d'échanger le moindre argument [1]. Résumer la pièce à l'affrontement de deux conceptions monolithiques de la justice n'est pourtant pas possible ; le débat entre Antigone et Créon est sans cesse repris et prolongé dans des directions inattendues pour le roi dont les prétentions sont battues peu à peu en brèche. Il opère alors une douloureuse traversée des apparences dans une série de confrontations.

Elles ont lieu dans la scène entre Créon et son fils Hémon et entre le roi et le devin Tirésias.

Dans la scène entre père et fils le spectateur entend d'abord un plaidoyer de Créon en faveur de la « discipline » [2] et de l'obéissance au chef que la cité s'est choisi [3]. Hémon ne joue pas dans le texte le rôle d'un contradicteur ; il se présente comme un relais de la voix de Thèbes. Voix anonyme qui se trouble en présence de Créon, elle se laisse aller aux confidences devant Hémon. Le jeune homme fait alors part aux vers 694-699 du jugement favorable que les citoyens portent sur Antigone digne selon eux « de l'honneur le plus

1. Vers 499-501.

2. Vers 676.

3. Les vers 666-667 nous laissent donc penser que Créon n'est pas forcément un tyran : autrement, il ne se désignerait pas comme pourrait le faire un magistrat élu dans une cité démocratique. Ce passage est suffisamment « dérangeant » pour que l'édition la plus récente de Sophocle le considère comme une interpolation (l'édition est celle de Lloyd-Jones et Wilson, p. 211, Oxford 1990).

éclatant »[1] pour avoir honoré Polynice. Hémon exhorte alors son père à tenir compte du point de vue des autres. Vient un premier conseil : « Va, ne laisse pas régner seule en ton âme l'idée que la vérité, c'est c'est ce que tu dis, et rien d'autre. Les gens qui s'imaginent raisonnables et posséder des idées ou des mots inconnus à tout autre, ces gens-là, ouvre-les : tu ne trouveras en eux que le vide[2]. » L'allusion d'Hémon à la proclamation de Créon et aux justifications qu'il lui apporte est claire : la vérité n'est pas affaire d'un seul mais de plusieurs. Cette idée suggère l'isolement du roi qui, au sens littéral, n'est pas un homme de dialogue. Il aime s'exprimer dans de longues tirades, et, dans les échanges plus brefs, il ne démord pas de son opinion – avant la fin bien sûr. Le texte grec est malheureusement intraduisible, car Hémon exhorte son père à ne pas « porter » une habitude : cette expression rapproche les opinions du roi de son sceptre. En effet, en grec c'est le même verbe qui est employé pour désigner le port de l'insigne royal : de même que celui-ci est un attribut qu'on ne délègue pas, de même Créon porte des jugements qui ne sont pas faits pour changer ou être modifiés.

Hémon insiste ; il conclut sa tirade par un second conseil : « S'il existe en moi, malgré ma jeunesse, quelque jugement, je déclare qu'à mes yeux il n'est rien sans doute au-dessus de l'homme qui possède en tout la science innée ; mais, à son

1. Le texte du vers 699 est presque intraduisible, car il est fait allusion à un honneur « en or » au sens littéral. Sophocle se réfère ici à la pratique athénienne consistant à honorer un bienfaiteur de la cité d'une couronne en or. Une telle mesure est officielle et elle fait l'objet d'un décret.

2. Vers 705-709.

défaut – puisque la réalité n'incline guère dans ce sens –, il est bon aussi d'apprendre quelque chose de qui vous apporte de bonnes raisons [1]. » À Créon qui déclarait au début de la tragédie détenir la science du politique, Hémon répond – bel exemple de l'ironie sophocléenne par laquelle un personnage n'a pas conscience de l'impact de ses paroles à l'échelle globale de l'œuvre – que le roi, comme tout homme, est susceptible de progrès ! Cela signifie qu'il doit se mettre à l'école de la raison, et donc ne pas condamner Antigone.

Créon transforme sciemment le débat en un conflit entre générations : il affirme n'avoir rien à apprendre de plus jeune que lui [2]. Ailleurs, c'est l'amour du jeune homme pour Antigone qui le fait déparler en le rendant esclave de ses sentiments [3]. Hémon proposait une recherche en commun du bien public en n'avançant « rien qui ne soit juste » [4]. Il n'empêche que pour Créon cela revient à faire peser sur lui une lourde charge ; le vocabulaire du droit envahit alors la stichomythie : il accuse son fils d'être l'avocat d'Antigone [5] et blâme même Hémon car il « fait le procès de son père » [6].

Il est donc clair que, pour Créon, il n'y a qu'une alternative dans l'affaire Antigone : d'être le juge ou l'accusé. Déplacer la question est impossible à ses yeux ; pour Créon, il y un enchaînement qu'il croit logique : il sait ce qui est juste ; il le dit ; il ne peut donc pas y avoir de place pour l'injustice qu'il conçoit soit comme une rébellion – dans le

1 Vers 719-723.
2. Vers 726-727.
3. Voir les vers 746, 756.
4. Vers 728.
5. Vers 740-748.
6. Vers 742.

cas d'Antigone – soit comme une grave et coupable ignorance – dans le cas d'Hémon. Le présupposé est que la raison n'est détenue que par un seul – Créon – qui a toute l'autorité pour dire ce qui est juste et injuste : ne demande-t-il pas lui-même, dans une question mi-oratoire mi-désapprobatrice à l'endroit de son fils, si « la cité n'est pas soumise à la règle du chef ? » [1]. Hémon soutient en effet au vers précédent qu'« il n'est point de cité qui soit le bien d'un seul ».

C'est aussi la morale que Sophocle veut nous voir dégager. Le personnage qui véhicule avec le plus de force l'intention éthique est le devin Tirésias. Ses paroles sont toujours vraies, déclare le coryphée immédiatement après son départ aux vers 1092-1094. Comme dans la scène avec Hémon, il y a deux temps : le devin assure le roi de sa bienveillance à son égard ; on croirait entendre Hémon : « Je m'intéresse à toi, et ton intérêt seul ici me fait parler. Il n'est pas plus grande douceur que d'entendre quelqu'un parler dans votre intérêt, quand aussi bien sa parole doit vous apporter un profit [2]. » Le devin relate un accident très inquiétant : des oiseaux dont il tirait des augures se sont battus entre eux et ils étaient repus de la chair décomposée de Polynice. Tirésias explique à Créon qu'il y a là un danger : les dieux sont en colère et n'agréent plus les sacrifices offerts par Thèbes. Il faut réparer ce que Tirésias présente encore comme une « erreur » [3] qu'il demande au

---

1. C'est nous qui traduisons ainsi le vers 738 pour mettre en relief l'emploi en grec d'un verbe qui a la même racine que le mot « loi » ou encore « règle, principe ». La loi, c'est le chef ; le chef, c'est la loi.

2. Vers 1030-1031.

3. Vers 1024.

roi de corriger. Mais Créon, comme il le faisait tout à l'heure à propos des gardes, accuse le devin de s'être laissé acheter [1] : Tirésias révèle alors une effrayante prophétie aux vers 1064-1090. Créon n'avait pas à retenir « sur la terre un mort qui appartient aux dieux infernaux, un mort que tu frustres de ses droits, des offrandes, des rites qui lui sont dus » [2]. Il frustre de leurs prérogatives des dieux sur lesquels ne prévalent ni l'autorité de Créon ni celle des dieux olympiens. La terrible loi du talion va s'appliquer : Créon va devoir donner en échange de Polynice et d'Antigone un fils qui lui aussi mourra.

Créon cède au devin ; il décide de sauver Antigone ; mais c'est alors trop tard. Elle s'est pendue dans la grotte où elle a été emmurée vive ; Hémon qui s'est laissé enfermer avec celle qu'il aime se suicide sous les yeux de son père, et Eurydice, la mère du jeune homme, d'un coup d'épée met elle aussi fin à ses jours. Créon abandonne toute assurance ; il ne cesse plus de déplorer dans une longue suite de chants désespérés les « erreurs de [sa] raison déraisonnante » [3]. Comble de l'ironie : le seul bon jugement de Créon porte sur lui-même, quand il n'y a plus moyen de rien faire de bon...

L'Oreste ou la solution de continuité entre les jugements

Euripide, dans cette tragédie écrite à la fin de sa vie [4], introduit un épisode complètement nouveau

1. Voir les vers 1033-1039, 1045-1047, 1055, 1061 et 1063.
2. Vers 1070-1071.
3. C'est nous qui proposons cette traduction du vers 1261.
4. Elle date de 408, soit deux ans avant la mort de l'auteur.

dans la légende des Atrides, ce que le grammairien Aristophane remarquait déjà dans l'Antiquité quand il écrivait que « la fiction [d'Euripide] ne se rencontre nulle part ailleurs ». On y trouve des jugements contradictoires et une cité divisée qui ne décide pas dans le sens du droit. Les dieux n'ont de compte à rendre qu'à eux-mêmes. L'univers de l'*Oreste* est celui de la relativité de normes toujours chancelantes ; les dieux ne sont plus des promoteurs de justice dont la mise en œuvre revient à des hommes raisonnables. C'est une tragédie de l'arbitraire et du provisoire. La preuve : Apollon oblige Oreste à prendre pour femme Hermione qu'il a pourtant la ferme intention d'égorger sous les yeux de son père.

Euripide ne croit donc plus aux vertus ni même à la possibilité d'un jugement selon la justice.

L'horreur du matricide

La pièce comprend deux parties : dans la première, Oreste et sa sœur Électre attendent que les citoyens d'Argos aient statué sur leur sort. Comme le dit Electre dans le prologue : « Un décret de cet Argos où nous sommes interdit à qui que ce soit de nous accueillir sous son toit, de nous admettre au partage du feu, et d'adresser la parole à des parricides ; et voici le jour fixé où le verdict de la cité argienne décidera si nous devons l'un et l'autre mourir lapidés ou nous frapper au cou d'un glaive affilé [1]. » Nous avons suivi ici la traduction des Belles Lettres parce qu'elle fait apparaître l'enjeu de ce passage : Argos a pris une décision et la

1. Vers 46-51.

formule du vers 46 est identique à celle que l'on trouve au début des décrets adoptés par l'assemblée athénienne. Le ton est solennel et toute la première partie de la tragédie narre l'attente du procès.

Quels en sont les acteurs ? D'abord, c'est Oreste. Le matricide l'a rendu méconnaissable : en proie au « remords », comme il le déclare à son oncle Ménélas au vers 396, il est victime depuis l'assassinat de sa mère d'effroyables hallucinations. Le spectateur le voit couché dans son lit, en proie à une agitation indescriptible : au début de la pièce, cela fait six jours que ce Raskolnikov antique « n'a pris aucune nourriture, qu'il ne s'est pas baigné. Il reste enveloppé dans son manteau. Dès que son mal s'allège, et qu'il retrouve sa raison, il pleure. Mais d'autres fois il s'élance hors du lit, comme un poulain libre du joug », comme le déclare Électre [1]. À la différence des *Euménides*, les déesses de la vengeance sont invisibles ; dans une scène très spectaculaire [2], Euripide nous montre le matricide en proie au délire sans que sa sœur, pourtant à son chevet, puisse le persuader qu'il se laisse abuser par de vains fantômes.

Du coup, la place de l'accusateur, occupée par les Érinyes dans Eschyle, est laissée vacante. Désormais, à côté de la conscience d'Oreste, un homme se dresse pour accuser le matricide : il s'agit de son grand-père maternel, Tyndare. Pendant un long moment les deux hommes s'affrontent dans un débat qui va du vers 491 au vers 629. C'est d'abord le vieil homme qui parle : pour lui Oreste « n'a point considéré la justice » [3]. Vient

1. Vers 41-45.
2. Elle occupe les vers 255 à 275.
3. Vers 494.

alors un vibrant plaidoyer dans lequel il dénonce l'acte du matricide parce qu'il instaure le cycle infernal de la vengeance : il s'adresse ainsi à son gendre, Ménélas [1] : « Voici, Ménélas, la seule question que je te ferai : la femme qu'il épousera, qu'elle le tue, que son fils à son tour assassine sa mère, et qu'alors le fils de ce fils exige sang pour sang, où s'arrêtera la suite des crimes ? Nos pères autrefois en ont sagement décidé. L'homme souillé de sang, on lui interdisait de paraître aux regards, de rencontrer les autres hommes. On le purifiait par l'exil, sans exiger meurtre pour meurtre, ce qui chaque fois aurait exposé un homme à la mort, celui de qui la main se serait souillée la dernière [2]. » Tyndare opère donc une différence entre la justice et le talion : la première suppose l'intervention de tiers qui mettent fin à la violence, alors que le second est un processus sanglant qui peut durer indéfiniment.

La réponse d'Oreste ne tarde pas : elle consiste à montrer qu'un enfant est surtout le descendant de son père, puisque, pour les Grecs, la mère est « le sillon qui reçoit d'ailleurs la semence », comme le déclare Oreste [3]. C'est un moyen de mettre au premier plan le lien du fils à son père et de minimiser dans la conception le rôle de la mère. À cet argument tout à fait recevable par la mentalité grecque s'en ajoute un autre : Oreste a bien fait de châtier une épouse volage dont l'exemple funeste, s'il n'avait pas été sanctionné, eût pu contaminer la

1. Tyndare est également le père d'Hélène, épouse de Ménélas enlevée par Pâris, prince troyen. C'est là l'origine de la guerre de Troie.

2. Vers 507-517.

3. Vers 553.

vie conjugale de tous les autres Grecs. Mais la clef de voûte de la défense d'Oreste est l'oracle d'Apollon : « Tu sais ce qu'est Phoïbos [1]. Installé sur son siège au milieu de la terre, il dispense aux mortels ses arrêts véridiques, et tous nous les suivons, quoi qu'ils ordonnent. Eh bien, c'est pour lui obéir que j'ai tué ma mère. Taxez-le donc d'impiété et mettez-le à mort. Le coupable, c'est lui ! Ce n'est pas moi ! Que devais-je donc faire ? Le dieu auquel j'impute la souillure serait-il incapable de l'effacer ? Où ira-t-on chercher refuge si celui qui me donna l'ordre ne peut me sauver de la mort [2] ? » L'argument ne convainc pas Tyndare qui décide de prendre part au jugement des Argiens et de les persuader de mettre Oreste et Électre à mort en les lapidant, ce qui est le châtiment qu'une communauté grecque réserve aux pires criminels : elle fait alors corps contre eux en associant tout un chacun à la mort des coupables.

N'est-ce pas là un étrange renversement ? Ce Tyndare, qui naguère craignait que le sang n'appelle le sang, est maintenant prêt à faire périr ses petits-enfants ; autrement dit le citoyen qui respectait les lois évitant le cycle infernal de la vendetta s'est transformé en Érinye ! Euripide a d'ailleurs joué sur l'apparence physique de ce personnage pour suggérer cela : Tyndare porte en effet un manteau noir [3], exactement comme la Mort qui chez les Grecs est une divinité masculine dont Euripide dit dans l'une de ses tragédies qu'elle porte elle aussi un noir manteau [4].

1. C'est l'un des noms d'Apollon.
2. Vers 591-599.
3. *Cf.* le vers 457.
4. Alceste, vers 844.

Une autre absence doit être remarquée. C'est celle d'Apollon qui n'est pas aux côtés d'Oreste, alors qu'ils formaient un couple inséparable dans Eschyle. L'avocat du matricide est sans arrêt mentionné, mais il n'apparaît pas avant les derniers vers de la tragédie. Il existe un consensus des personnages qui critiquent Apollon. Pour Électre, il est vain d'« accuser Phoïbos d'injustice » [1], ce qui est une attaque à peine voilée ; un peu plus loin, elle accuse carrément le dieu, ce « dieu injuste [qui] a proféré un oracle injuste » [2]. Pour Hélène, qui vient prendre des nouvelles de son neveu et de sa nièce, Oreste n'est pas le coupable : « c'est sur Phoïbos qu'[elle] rejette la faute » [3]. Ce dieu est même à l'origine, selon elle, de la ruine d'Oreste et d'Électre [4]. Ménélas accuse le dieu d'ignorer « décence et justice à la fois » [5] en rendant un oracle aboutissant à un matricide. Et enfin Oreste lui-même reproche à Apollon de tarder à l'aider [6].

Le sordide procès d'Oreste

Le procès qui va s'engager commence donc mal pour Oreste. La caution divine d'Apollon ne lui sert à rien ; le jeune homme possède en Tyndare un adversaire irréductible. Et, de surcroît, il n'obtient qu'un appui tiède de son oncle Ménélas qui redoute une cité échauffée. Vient alors le récit du vote adopté par l'assemblée : c'est un morceau de bravoure très long qui va du vers 866 au vers 956.

1. Vers 28.
2. Vers 163-164.
3. Vers 76.
4. Vers 121.
5. Vers 417.
6. Vers 420.

Le réalisme est total : la formule qui ouvre la séance (« Qui veut parler ? sur le point de savoir s'il faut ou non punir de mort Oreste qui a tué sa mère [1] ? ») est exactement la même que celle qui était dite par le héraut au début d'une réunion de l'assemblée à Athènes. Cinq orateurs prennent successivement la parole. Le premier est Talthybios, l'ancien héraut d'Agamemnon. Élogieux à l'égard de l'ancien roi, il est malgré tout hostile à Oreste parce qu'il « a établi des lois pernicieuses à l'égard des parents » [2]. Selon le messager, le héraut flatte ainsi les puissants amis d'Égisthe qui détiennent le pouvoir dans Argos. Après lui, vient un membre de la noblesse, Diomède, qui est favorable à Oreste ; mais son intervention ne fait pas l'unanimité : « Un grand cri proclama qu'il avait bien parlé, mais d'autres le désapprouvaient [3] ». Le troisième orateur reste anonyme ; il est présenté comme un démagogue – cette fois-ci au sens contemporain du mot puisque c'est l'homme de paille de Tyndare qui, conformément à son intention, essaie d'obtenir la lapidation de ses petits-enfants. L'avant-dernier à prendre la parole est un laboureur qui incarne le solide bon sens prisé par le messager, qui est lui-même un paysan : c'est un ardent défenseur de la cause d'Oreste qui a châtié justement une femme adultère. Mais il obtient seulement l'approbation de ceux que le messager appelle « les gens de bien » [4]. Le dernier orateur est Oreste, le seul dont le discours soit rapporté directement [5]. Il ne fait que reprendre les points principaux des

1. Vers 885-887.
2. C'est nous qui traduisons ainsi les vers 892-893.
3. Vers 901-902.
4. Vers 930.
5. Aux vers 932-942.

discours tenus par Diomède et le laboureur. L'assemblée vote alors et déclare Oreste coupable ; la sentence est la mort : il obtient comme une faveur des Argiens de pouvoir se suicider.

Rappelons-nous le cours du procès dans Eschyle : les juges étaient partagés, mais ils votaient « en conscience », comme le leur avait demandé Athéna au vers 674. Dans Euripide, la cité prend ses décisions sous le coup des passions : il y a les cris de la foule qui se prononce en faveur de l'un ou de l'autre parti, il y a de la démagogie, sans parler des « lobbies » constitués par Tyndare représenté par un orateur impudent et grossier et par les amis d'Égisthe qui ne veulent pas que le pouvoir revienne au fils de leur ennemi... La sérénité n'est pas au rendez-vous de la justice, et aucun orateur ne fait non plus allusion à d'éventuelles raisons religieuses pouvant excuser ou charger Oreste. Ce dernier ne parle même pas de l'oracle d'Apollon qui est précédemment au centre des débats qu'il a eus avec Ménélas et Tyndare. Autrement dit, quand la cité juge, les dieux sont muets. Euripide nous suggère en outre que l'oreille du peuple va à ceux qui sont près du pouvoir central : Diomède, l'ancien compagnon d'armes d'Agamemnon, et le laboureur « qui vient rarement à la ville et à l'assemblée » [1] n'appartiennent pas au cercle des puissants qui ont barre sur Argos. C'est de leur côté que se trouve la justice, et elle se laisse influencer par une rhétorique que le messager trouve grossière : elle ne permet qu'une parodie de jugement et offre l'occasion d'une vengeance. Les passions et les intérêts l'emportent donc sur

1. Vers 919.

les considérations sur le juste. Pour J.-P. Euben cette scène montre que la corruption est venue à bout des idéaux, et que la cité est gravement malade [1].

La rupture entre la justice humaine et la justice divine

Dans ces conditions, Oreste accepte l'arrêt de justice dans un premier temps. Mais son compagnon Pylade le persuade d'égorger Hélène qui est présentée comme la responsable de tous les malheurs de la Grèce. Électre propose de se servir ensuite d'Hermione, la fille d'Hélène, comme d'une monnaie d'échange : si Ménélas cherche à se venger d'Oreste, celui-ci pourra menacer d'égorger Hermione à son tour. Le plan se déroule alors comme prévu : le spectateur entend Hélène hurler, et peu après Hermione est prise en otage. Ménélas menace de brûler le palais dans lequel se sont retranchés Oreste, Pylade et Électre en compagnie de leur prisonnière qui a l'épée d'Oreste sous la gorge. Ce dernier ne consent à libérer Hermione que si Ménélas obtient une révision du jugement porté par les Argiens. On mesure là toute la distance qui sépare Oreste de Socrate qui, dans le *Criton,* explique les raisons l'empêchant de quitter Athènes alors qu'il est condamné à mort et que l'occasion de se soustraire au châtiment lui est offerte.

Au moment où le palais va brûler, Apollon apparaît. Il explique qu'Hélène a été ravie dans les cieux, et qu'elle va maintenant vivre dans l'Olympe.

1. J.-P. Euben, 1986.

Ensuite, il révèle son destin à Oreste : pendant un an, il va devoir habiter en Arcadie ; le dieu ajoute : « Pars de là pour Athènes, où tu rendras raison du meurtre de ta mère aux trois Euménides. Ton procès aura les dieux pour arbitres. Ils viendront sur le mont d'Arès rendre leur très saint verdict, qui te donnera la victoire [1]. » Les hommes n'ont donc plus part au jugement d'Oreste. Le vote des Argiens est nul et non avenu. Cette fois, c'est la cité qui est muette quand les dieux parlent. L'équilibre qui existait dans l'œuvre d'Eschyle est rompu : la justice humaine et la justice divine ne concordent pas. De plus la cause est d'ores et déjà entendue : Oreste, dit Apollon, sera acquitté. Mais alors à quoi sert-il de le juger ? De la même façon, Tyndare avait déjà condamné son petit-fils avant de l'entendre... Autant d'indices que les personnages subissent un destin dont ils ne sont que les ignorantes marionnettes.

1. Vers 1648-1652.

Conclusion
À quoi bon des tragédies ?

À l'horizon de la tragédie, il y a un possible anéantissement du corps politique. Dans *les Phéniciennes,* la mort de Jocaste rend sensible à cette réalité implicite du phénomène tragique considéré dans son essence. Cette destuction est envisagée dans les réflexions indignées de Solon [1] pour lequel l'art de la tragédie allait corrompre l'honnêteté présidant à l'établissement des contrats et, par ce biais, susciter la dissension entre concitoyens. Elle se profile comme un futur possible et inquiétant, lorsque le devin Amphiaraos reproche à Polynice de vouloir tarir « la source » dont il tire son existence [2].

L'énergie se dégageant des duels et des affrontements est porteuse de mort pour la cité. Mais celle-ci, par le mouvement même de la mise en récit et de la mise en scène, canalise et représente la violence sous-tendant gestes et paroles des personnages. Dire le mal, c'est en l'occurrence empêcher qu'on le fasse. La logique de la représentation

1. *Cf.* l'anecdote citée dans notre introduction.
2. *Les Sept contre Thèbes*, vers 584.

tragique nous paraît très profondément inscrite dans la manière grecque de penser. Nous songeons au mythe de Télèphe : ce dernier, blessé par la lance d'Achille, ne peut être guéri que par la rouille qui s'est déposée sur l'arme du héros. De la même façon, la tragédie commence par déchaîner la violence avant de la désamorcer. En mettant tout au pis, en mettant les cités à feu et à sang, les poètes tragiques vont jusqu'au bout du désordre civil et découvrent le point où la loi se retourne contre la loi, où la déraison prend le pas sur la raison.

Cette logique du pire a quelque chose de saisissant, et c'est peut-être Aristote qui en a pris le premier conscience dans sa *Poétique*. Au détour d'une phrase de ce traité consacré aux divers genres poétiques et à la tragédie en particulier, Aristote constate que les meilleures productions du genre tragique montrent aux spectateurs les cas « où les événements surviennent dans le cadre des relations d'intimité » [1]. Notre traduction essaie de rendre sensibles les enjeux présents dans la pensée d'Aristote ; le terme pour « relations d'intimité » n'est autre que *philia*, ce substantif formé sur *philos*. La signification de ces termes n'est pas aussi claire qu'on pourrait le penser. Comme l'écrit Deleuze, il est « difficile de savoir ce que signifie "ami", même et surtout en Grèce [2]. » Le grec désigne ainsi des personnes unies par des rapports étroits qui n'impliquent pas forcément une inclination affective. Peut-être faudrait-il comprendre la *philia* comme l'intimité [3] que donne une connaissance intime et

1. *Poétique,* 1453b19. C'est nous qui traduisons.

2. Deleuze, *Qu'est-ce que la philosophie ?*, Paris 1991, pp. 8-9.

3. Cette notion nous paraît rendre le mieux compte en français des différentes facettes de la *philia* grecque qui désigne encore l'intimité contenue dans la relation sexuelle.

partagée. C'est ainsi qu'au terme d'un terrible combat Ajax et Hector deviennent des *philoï*[1] ; ce n'est qu'après avoir fait l'expérience et avoir ainsi acquis la connaissance de leur valeur réciproque que cette intimité peut advenir. De même, dans un épisode en apparence très différent, Pénélope reconnaît pour son *philos* le mendiant qui lui a décrit avec un grand luxe de détails le manteau qu'Ulysse portait à son départ pour Troie[2]. Cette connaissance est forcément partagée ; elle est de première main car le mendiant n'est autre qu'Ulysse métamorphosé par Athéna. La *philia* crée donc un espace capable de contenir et d'ajuster des contraires ou des réalités hétérogènes. Comme l'écrit avec force J.-P. Vernant lors d'une méditation sur la place de l'amitié en Grèce et dans sa propre vie : « Quand je rencontre quelqu'un que je ne connais pas et dont je *sais*[3] qu'il a été un résistant actif, même si c'est un adversaire politique, j'éprouve un sentiment d'appartenance analogue à celui que je peux avoir en retrouvant un arrière-cousin : "Il est des nôtres..."[4]. »

Ces exemples montrent qu'Aristote insiste sur la radicalité de la tragédie. Avec elle, c'est le terrain commun à tout duel qui se dérobe. Le risque majeur n'est pas la disparition de tel personnage mais la désagrégation du cadre politique et, plus généralement, de tout ce qui fonde la vie collective. C'est Jocaste se suicidant sur le corps de ses fils rivaux.

1. Voir *Iliade* VII, vv. 287-312.
2. Voir *Odyssée* XIX, v. 254 et v. 310.
3. C'est nous qui mettons en italique ce mot.
4. J.-P. Vernant, *Tisser l'amitié* in *Entre mythe et politique*, Paris, 1996, p. 25.

C'est encore Aristote, et non Platon, qui est le premier philosophe à avoir défendu la portée éthique et politique de la tragédie. Dans un article de fond sur cette question, S. G. Salkever [1] entreprend de relier la *Poétique* aux théories politiques du Stagirite. Selon le critique américain, Aristote privilégie la crainte comme réaction affective née du spectacle tragique parce que la peur, dans sa pensée morale, a pour fonction de pousser l'homme à délibérer sur les moyens d'éviter le mal qui menace. Cet homme qui réfléchit n'est ni un arrogant ni un idiot, c'est-à-dire qu'il est « monsieur Tout-le-monde », c'est-à-dire exactement le premier spectateur venu d'une tragédie. Il peut alors essayer de tirer des leçons de ce qu'il a vu [2] : des familles détruites, la bonne entente d'un groupe normalement soudé [3] compromise, des erreurs de jugement fatales – songeons par exemple à Créon –, une situation matérielle et politique prospère qui ne donne pas pour autant le bonheur et qui entraîne souvent le personnage dans la zone dangereuse de la démesure. N'est-ce pas là un moyen de suggérer indirectement que l'entente au sein de la communauté est la meilleure des choses ?

Les divisions et la violence sur la scène tragique assument la fonction des « admonitions » : Euripide en faisait dans *les Grenouilles* la raison pour laquelle les poètes méritent l'admiration des hommes [4]. La scène est alors le tribunal des passions néfastes au bon fonctionnement de la

1. S. G. Salkever, 1986, pp. 274-303.
2. *Cf. art. cit.*, p. 300.
3. Soit la famille, comprise comme groupe restreint, soit la cité, comprise comme groupe au sens large.
4. *Les Grenouilles* vv. 1009-1010.

communauté. En représentant ces passions à leur paroxysme, la tragédie donne aux citoyens l'image de ce que serait un monde dans lequel les rapports entre les êtres ne sont plus régis par le droit mais par la violence. Il nous paraît alors plausible de voir une continuité entre le genre tragique et l'épopée. *L'Iliade* et *l'Odyssée,* entre autres choses, racontent l'histoire d'un désordre : dans la première œuvre, Achille laisse éclater sa colère contre Agamemnon qui l'a lésé ; Homère raconte ensuite la lente et difficile réconciliation des deux héros. Dans *l'Odyssée,* il est souvent question des désordres régnant dans Ithaque, l'île dont Ulysse était le roi, jusqu'à ce que ce dernier revienne et tue les prétendants de sa femme Pénélope. La mort de ces jeunes gens issus des meilleures familles manque de déclencher une guerre civile que Zeus et Athéna ont toutes les peines à empêcher. Les Grecs sont donc fascinés par ces moments où la justice ne régit plus les rapports humains.

La violence et le chaos donnent de la bonne littérature, pourrait-on en conclure. Cela est vrai en Grèce comme ailleurs. Mais il y a une spécificité de la tragédie grecque : si Homère explique comment la crise est affrontée avant d'être finalement dépassée, les Tragiques s'arrêtent à la catastrophe sur laquelle « le rideau » tombe, si l'on peut dire. Il faut sans doute nuancer ce constat en se rappelant qu'Eschyle, avec sa conception dialectique, ne laissait pas les conflits sans solution ; mais enfin avec Sophocle et Euripide, l'habitude de composer des trilogies disparaît : le spectateur est laissé seul sans le secours d'une sagesse dictée par le poète en face de la souffrance et des erreurs des personnages. Ne pas livrer de « réponse » peut soit signifier qu'il n'y en a pas, soit que c'est à chacun d'en inventer une avec les autres dans le cadre de la cité réelle, Athènes. La tragédie grecque pourrait donc par ce biais avoir des vertus politiques en montrant aux citoyens les fautes à éviter pour contribuer efficacement au bien commun. Elle est alors le tribunal qui dénonce les comportements nuisibles pour la collectivité ; en leur assignant pour lieu privilégié le théâtre, elle évite leur propagation dans l'espace politique et social. Cela expliquerait peut-être pourquoi les concours tragiques sont si fréquents ; par leur retour rapproché dans le calendrier d'Athènes, ils permettent de concentrer la violence en un point symbolique (le théâtre) et de laisser la place à plus de raison dans l'espace politique de la cité qui risque toujours de voir des rivalités éclater et causer des dommages au corps civique. La fête, sa solennité et sa fréquence déploient et canalisent donc une énergie qui menace en permanence d'être dévoyée.

La tragédie ne se contente pas d'empêcher le pire ; elle met parfois sur la voie de pratiques profitables à tous. Elle fait l'éloge des systèmes fondés sur la synergie : nous pensons par exemple aux rapports entre Pélasgos et les Argiens dans *les Suppliantes* d'Eschyle, ou aux admonestations d'Hémon et de Tirésias qui, tout en n'étant que trop tard utiles à Créon, peuvent servir de modèle de conduite aux spectateurs.

La tragédie grecque, quand elle aborde le terrain politique, montre avec d'infinies variations que la délibération est la meilleure des choses ; malheur à qui s'isole dans son droit individuel ou dans son erreur personnelle, car la suite lui donne tort. En ce sens, elle est fidèle au régime politique dans lequel elle a prospéré ; elle lui rappelle sans cesse que la justice réside dans la participation de chacun, sans quoi le pouvoir ne sert plus que des intérêts particuliers et cesse d'être légitime. C'est moins une idéalisation d'Athènes qui nous est proposée par la tragédie que le nécessaire viatique pour enfermer la violence dans des symboles et pour vivre dans une communauté à la recherche permanente d'une vie heureuse.

Lexique

Les poètes tragiques

Thespis : On ne sait pas grand-chose de lui. Il naquit peut-être en Attique, dans le village d'Ikaria, et vécut au début du VIe siècle ; la tradition veut qu'il ait parcouru l'Attique avec son chariot en allant de ville en ville donner des représentations tragiques dont il était le seul acteur. Il aurait remporté le premier concours de tragédie organisé à Athènes en 534.

Phrynichos : Ce poète est un contemporain d'Eschyle. On connaît le titre de deux de ses pièces : *la Prise de Milet* qui date de 492 et *les Phéniciennes* qui sont de 476. Il est un des rares artistes à notre connaissance à avoir pris l'histoire contemporaine pour sujet de ses tragédies.

Eschyle : Il vécut probablement de 525 à 456. Sur le grand nombre de textes qu'il a composés – on hésite entre 73 et 90 – il ne nous reste que sept tragédies entières. Outre celles que nous avons citées dans cet ouvrage, nous avons encore *les Perses* qui racontent comment un roi perse – Xerxès – a été défait par les Grecs à la bataille navale de Salamine – qui a eu lieu en 480. Dans *Prométhée enchaîné*, Eschyle représente les malheurs de Prométhée que Zeus a fait attacher au sommet d'une montagne : c'était là le début d'une trilogie à la fin de laquelle Prométhée était libéré par

Héraclès. Enfin, il y a l'ensemble monumental des trois pièces – la seule trilogie complète qui nous soit parvenue – de l'*Orestie* qui nous montre le sort des Atrides, depuis la mort d'Agamemnon jusqu'à l'acquittement d'Oreste matricide par l'Aréopage d'Athènes.

Sophocle : Sa vie traverse tout le Ve siècle, puisqu'elle commence en 497 et finit en 405. Tout est hors normes chez lui ; sa longévité, mais aussi le nombre de textes qu'il a écrits – on pense que ce nombre atteignit 123 pièces –, sans oublier qu'il ne fut jamais classé dernier dans un concours tragique ! C'est à notre avis le poète le plus difficile et le plus énigmatique des trois grands Tragiques. Les sept tragédies qui nous sont parvenues sont toutes enclines à provoquer des disputes interminables chez les hellénistes. Sophocle a écrit *Ajax,* œuvre dans laquelle un guerrier – Ajax – se suicide après avoir échoué dans sa tentative de vengeance : il voulait tuer Agamemnon et son frère Ménélas parce qu'ils l'avaient privé des armes d'Achille, remises après la mort du héros à Ulysse. Dans *les Trachiniennes,* il montre les effets terrifiants de la passion amoureuse qui détruit tous les personnages. *Électre* représente la mort de Clytemnestre et le retour de celui qu'Électre n'attendait plus, Oreste. *Œdipe-Roi* est sa plus célèbre pièce : elle nous montre le roi Œdipe qui découvre que le criminel qu'il fait rechercher dans toute la cité n'est autre que lui-même. Enfin, dans *Philoctète,* il est question d'un malheureux guerrier confiné pendant dix ans sur une île déserte par ses compagnons d'armes et qu'un oracle désigne comme celui qui permettra aux Grecs de prendre Troie : la pièce raconte les tentatives d'Ulysse et du fils d'Achille pour s'asurer la collaboration de Philoctète.

Euripide : C'est le poète qui nous est le mieux connu, avec dix-neuf pièces conservées. Il vécut de 484 à

406, et il a souvent été le rival malheureux de Sophocle. Il nous est impossible ici de résumer dans le détail tous les textes dont nous n'avons pas parlé. Mais il est possible de déceler dans son œuvre des tendances. Il s'intéresse plus qu'un autre à la vie conjugale et à ses malheurs : c'est le cas dans *Alceste, Médée, Andromaque*. La vie privée occupe une grande place dans son théâtre, par exemple dans *Ion*, qui narre les retrouvailles d'une mère et de son fils. Il est le poète des souffrances de la guerre qu'il montre dans *les Troyennes, Hécube* et, plus généralement, de l'absurdité de la vie humaine, comme dans *Hippolyte, la Folie d'Héraclès* ou *Hélène*. Il dénonce alors la cruauté des dieux, comme dans *Électre, Iphigénie à Aulis* ou *les Bacchantes*. Une telle problématique n'a pas fait de lui un auteur populaire dans une Athènes aussi pieuse que démocratique ; il n'hésite d'ailleurs pas à illustrer les faiblesses du système démocratique, comme par exemple lorsqu'il montre Agamemnon en pleine campagne électorale prêt à tout promettre et à ne rien tenir dans *Iphigénie à Aulis*.

Quelques termes techniques relatifs à la tragédie

Agôn : c'est un débat qui n'a rien de pacifique dans lequel deux personnages opposent des points de vue dans une ou plusieurs longues tirades – en grec *rhésis* – avant de continuer leur affrontement dans une stichomythie.

Chœur : c'est un groupe de treize ou quinze hommes qui pénètrent sur la scène par l'une des entrées latérales – en grec *parodos*. Leur fonction est de chanter et de danser ; le chœur peut servir de « caisse de résonance » aux pensées ou aux émotions d'un personnage ou faire part de son propre point de vue sur l'action à laquelle il peut être plus ou moins étroitement associé.

Coryphée : c'est le chef du chœur dont il ordonne les mouvements lorsqu'il s'agit de danser. C'est à lui que s'adressent les personnages dans les parties parlées du texte, pendant que les autres choreutes – on appelle ainsi les autres membres du chœur – restent silencieux.

Héraut : c'est un personnage anonyme qui est chargé par le détenteur du pouvoir politique d'aller délivrer un message à quelqu'un, un autre chef ou un individu privé. Le héraut est le canal officiel de l'autorité : il est sa « voix », ce qui explique l'anonymat de ce personnage sur la scène. Il n'est en effet là que pour représenter quelqu'un d'absent. Sa charge le rend en principe sacré.

Stasimon : c'est un chant qui est placé entre deux épisodes. Cette partie est chantée et peut avoir un rapport plus ou moins direct avec l'action en cours.

Stichomythie : c'est un échange verbal très vif, souvent violent, entre deux personnages qui ont des opinions contradictoires au sujet d'une question donnée. Chaque réplique dure un vers, et très fréquemment un personnage retourne le sens d'un mot ou d'un argument que l'interlocuteur venait de formuler.

Bibliographie

Bien sûr, il faut lire les textes eux-mêmes d'abord et avant tout. On les trouve dans des éditions de poche (Folio ou Garnier-Flammarion) ; si l'on sait un peu le grec, on a maintenant la chance de se procurer pour un prix modique certaines tragédies en grec et en français dans la Collection de poche des Belles Lettres. Enfin, si l'on a étudié plus profondément le grec, on peut toujours se reporter à l'édition complète des Belles Lettres.

Ouvrages généraux

A. J. Podlecki, *The Political Background of Aeschylean Tragedy*, University of Michigan 1966.

J. Herington, *Aeschylus*, Yale University Press, 1986.

V. Di Benedetto, *Sofocle*, La Nuova Italia Editrice, 1991.

V. Di Benedetto, *Euripide : Teatro e società*, Torino, 1971.

A. R. W. Harrison, *The Law of Athens*, Oxford, 1968, tome I ; 1971, tome II.

J.-P. Vernant et P. Vidal-Naquet, *Mythe et Tragédie en Grèce ancienne*, Paris, 1986.

J.-P. Vernant, *Entre mythe et politique*, Paris, 1996.

D. Lanza, *le Tyran et son public*, trad. française chez Belin, Paris, 1997.

A. Le Boulluec, M. Trédé, S. Saïd, *Histoire de la littérature grecque*, Paris, 1997.

Articles

Premier chapitre

H. D. Cameron, *'Epigoni, and the Law of Inheritance in Aeschylus'* Septem, GRBS, 9, 1968, pp. 247-257.

A. J. Podlecki, *Some Themes in Euripides'* Phoenissae, TAPA, 93, 1962, pp. 355-373.

J. de Romilly, Les Phéniciennes *d'Euripide ou l'actualité dans la tragédie grecque*, RPh, 39, 1968, pp. 28-47.

E. Rawson, *Family and Fatherland in Euripides' Phoenissae,* GRBS, 11, 1970, pp. 109-127.

Deuxième chapitre

A. J. Podlecki, Polis *and Monarch in Early Attic City*, pp. 76-100 dans *Greek Tragedy and Political Theory*, Berkeley, 1986.

R. P. Winnington-Ingram, *The Danaid Trilogy of Aeschylus*, JHS, 81, 1961, pp. 131-152.

D. J. Conacher, *Religious and Ethical Attitudes in Euripides'* Suppliants, TAPA, 87, 1956, pp. 8-26.

G. Paduano, *Interpretazione delle* Supplice *di Euripide*, ASNP, 35, 1966, pp. 193-249.

Troisième chapitre

J.-P. Euben, *Political Corruption in Euripides'* Orestes, pp. 222-251 dans *Greek Tragedy and Political Theory*, Berkeley, 1986.

Conclusion

S. G. Salkever, *Tragedy and the Education of the Demos : Aristotle's Response to Plato*, pp. 274-303 dans *Greek Tragedy and Political Theory*, Berkeley, 1986.

Table des matières

Titres parus
dans la même collection

Foucault, la Police des conduites
Jean-Claude Monod

Sade, le Corps constituant
Hugues Jallon

Lévinas, le Passeur de justice
Jean-François Rey

Le Fédéraliste, la Démocratie apprivoisée
Laurent Bouvet et Thierry Chopin

Nietzsche, cruauté et noblesse du droit
Paul Valadier

Michelet, la Magistrature de l'histoire
Olivier Remaud

Cassirer, la Politique du juste
Bertrand Vergely

Rabelais, fais ce que tu voudras
Thierry Pech

Patočka, l'Esprit de la dissidence
Alexandre Laignel-Lavastine

Condorcet, instituer le Citoyen
Charles Coutel

Kant, la Raison du droit
Colas Duflo

Cet ouvrage a été achevé d'imprimer,
par l'Imprimerie Sagim à Courtry, en février 1999
pour le compte des éditions Michalon

Imprimé en France

Dépôt légal : février 1999
N° d'édition : 88 – N° d'impression : 3251